Diese Sammlung Lebensskizzen umfasst 26 Wort-
porträts, inspiriert von Begegnungen mit außer-
gewöhnlichen Damen an Schauplätzen ihrer Wanderungen von Kapstadt (Südafrika) über Taipeh
(Taiwan) bis Basel (Schweiz). Die Autorin verrät,
was diese Vollweiber von Mai 1964 bis Mai 2018
erlebt, erwünscht, erträumt, sich abgewöhnt, von
sich gestoßen und mitgebracht haben.

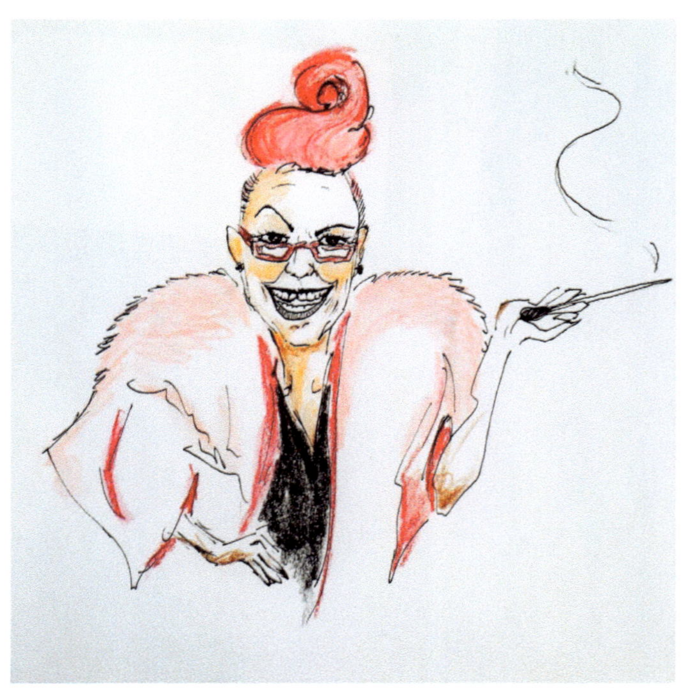

Die Autorin aus der Sicht einer Kollegin

Ansi Verwey - von Fleckenstein

STEHAUFWEIBER

26 Vollweib - Erzählungen

Autorin: Ansi Verwey - von Fleckenstein
Umschlagsgestaltung: Sarah Kartika & Nathan Haller
Bild Vorderseite: PEDRITO www.pedritoart.com
Bild Rückseite: Ansi Verwey - von Fleckenstein*
Karikatur Seite 2: Phoebe Lin www.cubesessions.ch
Lektorat: Sofia Pavone www.sofiapavone.de

Verlag & Druck: tredition GmbH, Halenreie 40-44, 22359 Hamburg

ISBN: 978-3-7497-5157-0 (Paperback)
ISBN: 978-3-7497-5158-7 (Hardcover)
ISBN: 978-3-7497-5159-4 (e-Book)

---

*die Autorin empfiehlt, diese Skizze überall dort als Rüstung zu verwenden, wo es an Zufriedenheit, Kaffee und Anstand mangelt - garantiert Immunität gegen Scharlatane

Ohne die geistige, musikalische und beratende Unterstützung folgender Voll- und Ehrenweiber hätte diese Sammlung nie das Licht der Welt erblicken können. Ich danke mit erhobener Brust und jauchzendem HO-JO-TO-HO:

Sofia Pavone (Vollweib der Sprache und Musik), Anonymous Bosh, Michael Rath, Matthias & Peter Wegele, Emiro von Berejesa †2019, Christiane Iven, Katja & Hannah Beer, Bianca Gierok, Ralf. H. Dorweiler, Elena Filipova, Michael Leibundgut, Eva Buffoni, Gerda Pretorius, Helga Karen, Hinako Yoshikawa, Iryna Krasnovska, Lussys von Scajuka †2018, Ivan Konsulov, Raquel Rey Ramos, Shalini Trefzer, Yuval Zorn, Armando Braswell, Phoebe Lin (Cellistin extraordinaire)

INDEX

1. Aurora und Arnauld im KUMQUAT Store 17

2. Brigitte Brandt: keine Blamage im Brocki 21

3. Cordelia und der Kronleuchter des Kraulens 25

4. Donna untersucht den Arbeitsmarkt 27

5. Evas Geister am Wasserloch 30

6. Frene auf Jogurtsuche 31

7. Giulias Sommerkollektion: ein Kurzkrimi 33

8. Aus den Chroniken von Hilda 36

9. Isolde auf Traummannsuche 38

10. Die Farbenlehre der roten Juliane 41

11. Kerstins Katze: ein Klagelied mit Trauerfeier 45

12. Die Silberfische der lesenden Leonie 49

13. Martine mustert Männergespräche 54

14. Die nörgelnde Nora 58

15. Olivia in der Oper 64

16. Petra pulverisiert das Montagsmonstrum 66

17. Auf Besuch bei der quirligen Queenie 69

18. Reginas Rennpferd 72

19. Schlaflos auf Sofias Sofa 73

20. Tina am Tinguely-Brunnen = Abschied 75
von einer selbstheraufbeschworenen Sklaverei

21. Uschi beim Zahnarzt 78

22. Veronika macht's mundgerecht = 79
Ungeduld ist eine Tugend

23. Wilhelmines Waldwanderung 85

24. XANTHIPPE 88

25. Yolindas jodelndes Alpenhorn 93

26. Zunft Zoé: Königin der Kompromiss-
Kleidungsdisziplin 96

Abendkleid 1
Abendritual 26
Abgrund 16
Absinth 23
Absolution 8
Abwechslung 25
Accessoires 10
Alkoholkonsum 13
Allergie 12
Alltag 17
Alpenhorn 25
Anonymität 11
anschreien 16
Anstand 26
Aperol Spritz 15
arbeiten 17
Arbeitsmarkt 4
Arbeitsplatz 6
Arbeitstag 3
Aschenbecher 8
Attacken 16
Augenkontakt 13
Ausbildung 4
Baby 24
Bachelorette 17
Badebekleidung 13
Bahnstreik 8
Bakterien 16
Balken 14
Balletttänzer 20
barfuß 8
Basel 20
Bauarbeiter 13, 16
Baum 5
Baumwolle 25
Beerdigung 25
Bergwanderung 13
Berlin 4
Bett 17
Bettbezüge 17
Bier 13
Billigflieger 4
Blume 16
Blut 13
Blutspuren 8
Brot 6
Buch 12

Buchhaltung 25
Bügeln 25
Bürgermeisterin 10
bürokratisch 4, 26
Catwoman 25
Champagner 2
Cocktail 13
Conferencier 1
Dackel 25
Daheim 20
Dazugehörigkeit 20
Dekoration 17
Detektive 13
Diät 18
Drink 13
durchatmen 20
Duschen 17
Edelporzellan 17
Effizienz 15
Ehe 9
Einkauf 6
Einkaufsvergnügen 3
Einkaufszwecke 9
Einspruch 4
emotional 24
Emotionen 14
Energie 14
Enttäuschung 20
Erfahrung 4
Erkältung 16
esoterisch 11
Farbkompromiss 26
Farbenlehre 10
Farbrevolution 10
Federreste 8
Fernsehköchin 22
flauschig 17
Fleisch 6
Flohmarkt 26
Flokkati 4
Fluch 22
französisch 1
Friedhof 25
Frischverstorbene 8
Fruchtbarkeits-
spezialist 24
Frühjahrsputz 16

Frühlingsgelüste 10
Fudge 22
Gassi 9
Gaststätte 13
Geborgenheit 8
Geburtstag 1
Gegenmittel 16
Gehalt 7
Geister 5
Gemälde 17
Gemüse 6
Gepäck 16
Geschick 4
Gewerbe 4
Gewohnheit 16
Gezeitenwechsel 19
Gladiatorenstilettos 9
Gold 22
Götter 5, 23
Göttergeschenk 14
Grabstätte 20
grinsen 16
Grundreinigung 8
Gummi-
handschuhe 14
Halbschlaf 8
Hals 8
Hamster 14
Handreinigung 26
Handschuh-
sammlung 26
Handwerker 15
Herausforderung 14
Herz 16
Himmel 8
Himmelpforte 8
Hinausfeiern 14
Hochzeitstag 10
Hoffnung 20
hormonell-motiviert 9
Humor 12
Hund 7
Hymne 13
Innenausstattung 17
Instagram 16
Jaguar 23
Jodeln 25

Joghurt 6
Juwelen 1
Kalenderwoche 16
Kampfsport 13
Kater 8, 11, 12, 17
Katzenleckerlis 17
Katzenspielzeug 17
Katzensprung 4
Keller 2
Kettenraucherin 22
kirschrot 10
Klagelied 11
Klassiker 26
Kleidung 17
Kleidungsstil 24
kleines Schwarzes 4
Klopapiereinkauf 9
Kloster 1
Kollegen 23
Kompromiss-
Kleiden 26
Kondom 5, 14
Konkurrenz 18
Konzentration 18
Konzept 4
Körpertyp 13
Krallen 8
Krankheit 24
kreativ 4
Kronleuchter 3
Kulturwüste 15
Kunst 20
Lackanzug 25
Langeweile 14
Langhaardackel-
welpe 9
Laptop 1
Latex 21
Laufrad 14
Lebensabschnitt 4
Lebensgepäck 20
Lebenslust 20
Lego-Steine 22
Leiche 5
Leiden 2
Lieblingstante 22
Lieblosigkeit 5
Lippen 21

Lippenstift 10
Literatur 22
Loyalität 15
Lust 15
Mahnmal 20
Männer 13
Männergespräche 13
Matthäus 14
Melancholie 14
melancholisch 8
Misserfolg 13
Mitleidstränen 8
Modebranche 26
Mondphase 13
mondsüchtig 13
Montagsmonstrum 16
Morgenkaffee 7
Morgentoilette 8
Musikschule 25
Muskelkater 14
Musterbeispiel 14
Mutprobe 11
Mutterleib 16
Narkose 11
Nebenwirkung 12
Negativler 14
Nervenheilanstalt 24
Nest 5
Neugierde 22
Nibelungenzwerg 22
Niete 22
Nietzsche 2
Nörgeln 14
Notaufnahme 12
Obst 6
Oper 15
Opern 22
Opernsänger 20
Opfer 16
Organisieren 4
Orgasmus 14
Ozean 19
Parasiten 5
Pelz 26
penetrant-negativ 14
Perspektive 16
Pferd 18
Pferd 24

Pflichtbewusstsein 7
Pirouette 16
Pistole 9
Praktikantin 4
Problem/-e 16, 17
professionell 4
Prognose 13
Psychotherapie 26
Pubertät 22
Puffmutter 4
putzen 17
Ranpirschen 13
Realität 5
Reinheit 5
Respektlosigkeit 20
Rezepte 22
Rezeptsammlung 22
Rhythmus 2
Riesenhandtasche 7
Riesensonnenbrille13
Ring d.Nibelungen 22
rosafarben 17
Rosengarten 10
Rot 10
Rotlichtviertel 4
Ruhepausen 18
Samt 25
Sauerstoffräuber 14
Schafott 19
Schaufler 20
Schauspieler 20
Scheidung 10
Schlaflosigkeit 19
Schlafwonne 11
schmerzblau 11
Schminken 17
Schmunzeln 16
Schneeflocke 8
Schnitzel 23
schnurren 11
Schock 2
Schönheitspflege 7
Schrott 20
Schuh/-e: 2, 10, 17
Schuhhimmel 8
Schuhsammlung 17
Schutzengel 1
Schwalbe 8

Schwangerschaft 24
schwarz 9
Schwarze Phase 10
Seele 8, 11
Seelenverwandt-
schaft 14
Seide 25
Selbsterhaltungs-
trieb 16
Selbstheilung 2,19
Selbstkritik 2
Selbstmord 14
Selbstmordnotrufzen-
trale 3, 19
Selbstverteidigungs-
maßnahme 15
Sicherheit 16
Sicherheitsbeamter 6
Silberfisch 12
Sinne 5
Skandal 24
Sofa 19
Sokrates 24
Sonnenstrahl 8
soziale Medien 25
Spargel 23
Spendengelder 24
Splitter 14
Sportdisziplin 13
Sprechtempo 13
Stadttheater 20
Stadtverwaltung 4
Status Quo 10
Steuerberater 11
Stöckelschuhe 3, 13
Stolperstein 20, 22
Straßenschilder 4
Strategien 18
Stress 17
Stricken 13
Stringtanga 3
Strumpfhose 10
Studium 10
Subjekt 13
Sucht 16
Supermarkt 6
Tagesablauf 17
Talente 4

Tanz/-en: 2,3
Tatkraft 15
Team 18
technisch 1
Teezeremonie 14
Telefon 16
Terrasse 8
Tierarzt 11
Tierpark 7
Tinguely-Brunnen 20
Toleranzzone 4
tot 5
Tradition 15
Training 18
Trambahn-
haltestelle 6
Tränen 2,11
Trauerphase 14
Trauertradition 2
Trauertrommel 2
Traumjob 4
Trinken 13
Trostlosigkeit 16
Trottoirmarkierung 4
Tugend 22
Umhängetasche 2
Umzug 8
Unausgeglichen-
heit 24
Ungeduld 22
Ungeziefer 6
Universum 19
Unprofessionalität 20
untalentiert 25
unwillig 25
Vampir 16
Vater 5
vegan 12
Vermögen 14
Versehen 9
Verzweiflung 16
Vollmond 19, 24
Vorderpfote 8
Vorhänge 17
Vorsicht 25
Wagner 22
Wahn 13
Waldwanderung 2

Walhall 22
Wandern 23
Warnung 14
Warnzeichen 8
Wechsel 8
weibliche Logik 20
Welteroberer 20
Winter 8
Wunder 12
Wunsch 11
Wunschkind 24
Wurzeln 5
Wut 5, 13
Xanthippe 24
Zaubertrank 22
Zehen 8
Zelle 19
Zerstörung 16
zeugen 24
Zigarette 8
Zigeunerin 20
Zirkusbetrieb 25
Zirkustruppe 20
Zufriedenheit 14
Zufriedenheits-
anfall 14
Zwillinge 11
Zwillingspaar 10

VORWORT

Diese Sammlung verschiedener Weiberporträts ist meine Hommage und Danksagung an **ALLE Vollweiber***, die mich während der letzten 5 Dekaden dazu inspiriert haben, den Fokus fest auf den Silberstreifen zu haften - EGAL wie viele dunkle Wolken drohen, einem die Lebenslust auszusaugen. Schon meine Oma hat festgestellt: Jeder Wolke folgt ein Silberstreif.

****Vollweib** *ist positiv gemeint = ein weibliches Wesen, das seine Femininität jeden Tag aufs Neue entdeckt, auslebt und neu definiert, auch mit iPhone an der Brust und Emanzipationsdruck in der Luft*

Erkämpfte Unbekümmertheit
- ein Selbstporträt -

Neulich wurde mir von einer lustigen 70+ Dame ein zweideutiges Kompliment serviert: "Wie schaffen Sie es bloß immer, so unbekümmert durchs Leben zu tanzen?!?" fragte sie mich ganz ernsthaft, als ob wir uns im Interview nach einer Präsidentenwahl in einem vom Krieg belagerten Land befänden.

Noch vor ca. 12 Jahren wäre ich in so einer Situation ohne nachzudenken stracks zu Boden gegangen, um ebendort leise debilsabbernd herumzukichern bis zur Einlieferung in eine sehr gut gepolsterte, rosafarbene Gummizelle.

Da wir aber schon das Jahr 2018 schreiben, klappte meine Kinnlade an diesem Tag lediglich um 3 cm nach unten, wobei sie vor der Bodenberührung von einer fragenden Augenbraue gerettet werden konnte.

Wurde ich gerade von einem Kompliment angegriffen oder war es mal wieder eine Mahnung des Universums, nicht zu viel auf einmal auszuleben?

Nach mehr als fünf Dekaden des Sammelns sowohl ersehnter als auch unerwünschter Lebenserfahrungen, habe ich inzwischen bei Selbstgesprächen die Variante "EHRLICH, mit eingebauten Verzeihungsritualen + regelmäßigen Schmunzel-

phasen" als am zeit- und nervenschonendsten erlebt.

*WARNUNG - nicht vom Arzt/Apotheker: das Lesen und
Übersetzen dieser Geschichten könnte Anfälle von Extrem-
Gartenarbeitszwang mit Cocktail-Bedarf-Erhöhungs-Begleit-
erscheinungen auslösen!!! Empfohlenes Gegengift: Ebay,
2nd-hand-Shopping & Kinotage mit viel Popcorn*

**Diese Geschichten sind zum Nacherzählen, Nachleben
und neu Einkleiden gedacht.**

1. Aurora und Arnauld im KUMQUAT* store

Aurora ahnte schon bei der Anprobe des amethystfarbenen Abendkleides, dass diese Anschaffung anregender als ein Besuch beim KUMQUAT Store in der Basler Freie Straße sein könne. Sie hatte nämlich nicht nur eine ausgeprägte Schwäche für die neuesten Geräte des Großkonzerns KUMQUAT, sondern kleidete sich leidenschaftlich gerne in Farben, die allesamt Edelsteinen & Co. auf ihrem Körper gleichen sollten.

Die genialen Mitarbeiter des KUMQUAT Geschäfts schlossen inzwischen regelmäßig Wetten darüber ab, wie oft das „Juwelenmädchen" im Monat für irgendeinen Einkauf oder Rat mit einem ihrer K-Geräte in der Filiale erscheinen würde. Aurora war nicht besonders technisch begabt und hatte zudem die Konzentrationsspanne eines Labradors beim Herumtollen. Nach einem ihrer Besuche hatte sich ein Mitarbeiter sogar abrupt für eine Karriere im Kloster entschieden.

Aurora entdeckte vor 7 Wochen, dass ihre KUMQUAT Filiale einen sehr dekorativen, jungen französischen Mitarbeiter neu im Beratungsangebot hatte. Besagter geniale Arnauld besaß jene charmante französische Fähigkeit, jede Sprache, derer er sich bediente, so zu manipulieren dass sie

---

KUMQUAT STORE: frei erfunden - wird so genannt, bis die Autorin von dem angedachten, nicht obstverkaufenden Großkonzern die Erlaubnis bekommt, ihn namentlich zu erwähnen

sich wie eine heruntergekommene Verwandte der
französischen Sprache anhörte. Ob Englisch,
Deutsch, oder Russisch - bei Arnauld wurde jede
Sprache, obwohl grammatikalisch perfekt, elegant
ins Korsett der französischen Nasalität und Ver-
schwommenheit gegossen.

Als Aurora endlich einen Termin beim sehr
gefragten Arnauld bekam, hatte sie schlaflose
Nächte über die Wahl des Kleides für die Begegnung. Weil sie am Abend vor dem Termin größten-
teils in grün geträumt hatte, entschied sie sich
dann für ein eher konservatives smaragdgrünes
Ensemble. Ihre K-Familien-Geräte wurden passend
in smaragdgrüne Hüllen verpackt.

Um Punkt 13.30 trafen sich Aurora und Arnauld, um im KUMQUAT Store die Feinheiten der
Bildbearbeitung auf dem K-Pad Pro zu erforschen.
Aurora war bald wie hypnotisiert von der französischen Variante der deutschen Sprache: auch die
trockensten Fachbegriffe ertönten, trotz der klini-
schen Beleuchtung, als Sinfonie aller Juwelenfar-
ben, die Aurora je geliebt. Total unkonzentriert,
weil sie einen Ehering an Arnaulds Finger bemerkt
hatte, fragte sie mitten in einer komplizierten Er-
klärung: „Ist Ihre Frau auch Französin?" Da leuch-
teten Arnaulds Augen auf: „Nein, mein Mann ist
Italiener."

Da war Schluss mit gescheit Bilderbearbei-
tung Erlernen: Arnauld musste Aurora sofort ein
Bild von seinem herrlichen Ehemann zeigen. Ihr
klappte die Kinnlade herunter: der italienische

Wonne-Ehemann, Alessandro, trug auf dem Bild
eine Samtjacke in genau derselben Amethyst-
Schattierung wie ihr frisch gekauftes neues
Abendkleid. Dank der riesigen Bildersammlung
auf ihrem K-Pad Pro konnte sie Arnauld das Kleid
vorführen.

ES GIBT KEINE ZUFÄLLE!

Arnauld wusste sofort, dass er Kleid und
Jacke, sprich Ehemann Alessandro und Juwelenmädchen Aurora, unbedingt bekannt machen
musste. „Könnten Sie Samstag, samt amethystfar-
benem Kleid, Conférencieuse beim Geburtstag
meines Mannes sein?"

Da entschuldigte Aurora sich kurz, um
Freund Google zu fragen, was eine CONFÉREN-
CIEUSE denn eigentlich so mache…Dank Wikipedia wusste sie bald: „Ein Conférencier ist ein
humoristischer Ansager in Varietés, Kabaretten,
Revuen, Shows, Fernseh- oder Hörfunkprogram-
men. Neben seiner moderierenden Funktion trägt
er auch selbst Anekdoten, Gedichte oder Chansons
vor."

Über die legendäre Geburtstagsfeier an be-
sagtem Samstagabend wurde viel berichtet. Seit
jenem Abend sind Aurora, Arnauld und Alessandro unzertrennliche Freunde, immer wieder von
der Presse als „Die 3 Amethysten" bewundert und
beschimpft.

Aurora, die inzwischen nur noch als Luxus-

Conférencieuse arbeitet, hat das amethystfarbene Kleid einrahmen lassen. Es hängt jetzt in ihrem Schlafzimmer: eine ständige Erinnerung daran, dass Schutzengelchen auch bei der Kleiderwahl Überstunden schieben.

2. Brigitte Brandt: keine Blamage im Brocki[*]

Wir können uns doch so leicht mit unnötiger Selbstkritik das Leben verkomplizieren!

Brigitte bibberte traurig in ihrem adretten B-Körbchen: ihre Freundin Ulla hatte ihr, nachdem sie 25 Minuten lang um den heißen Brei herum geplaudert hatte, gestanden, dass Brigittes Lieblingsbrocki, sozusagen ihr Ausstatter, Innenarchitekt und Fundgrube für die ausgefallenen Geschenke, für die sie in ihrem Freundeskreis schon ziemlich berühmt-berüchtigt war, tatsächlich den Kampf gegen eBay, Amazon & Komplizen verloren hatte und in der darauffolgenden Woche endgültig die Türen schließen würde.

Diese Auskunft versetzte Brigitte schlagartig in tiefste Trauer. Die Vorschriften und Etiketten der Trauertradition der Familie Brandt sind inzwischen beim Verlag Grell & Gräulich in die 5. Auflage gegangen. Brigitte nahm ihre abgelesene Kopie zur Hand um bloß keinen Schritt der Trauer auszulassen.

Die Geschichten der Familienmitglieder, die nicht alle Phasen der Trauer ordnungsgemäß durchlebt hatten, endeten alle recht böse und wurden den Kleinkindern zum Extremgruseln in der

---

[*] *Brocki: Brockenhaus: Second-Hand-Laden in der Schweiz*

Halloween-Nacht erzählt. Es ist verboten, sie aufzuschreiben: man könnte irgendeinem bösen Geist damit einen Ankerplatz im Alltag bieten!

Die Geschichten dürfen NUR durch mündliche Überlieferung weitergegeben werden. Ein recht griesgrämiger Urahn der Familie Brandt, Brechreuss der IV., ließ zum Schutz der Überlieferungspflicht im Jahre 1683 das BRANDTER EDIKT unter Androhung der Todesstrafe ausrufen. Als einflußreichem Edlen ist es Brechreuss dem IV. gelungen, dieses Edikt bis 2020 auf zwei Kontinenten geltend zu machen.

Nach der traurigen Nachricht der Brockischließung erstarrte Brigitte vor Schock und löste sich auf in das leugnende, faule Blut, das ihren Augen die Tränen wegtrank. Freundin Ulla, versiert in Trauerphasenunterstützung, fand passende Zeilen aus Nietzsches ALSO SPRACH ZARATHUSTRA - womit sie die Ausbreitung des Erstarrens ihrer Freundin ermöglichte.

Nach zwei Stunden Nietzsche traute Brigittes erste Träne sich, schüchtern den schwarzen Lidstrich zu erforschen, ihn zu durchbrechen und im Heruntermalen scheu den Weg zu bahnen für einen unaufhaltbaren Fluss der Enttäuschung, Bitterkeit und Lebensmüdigkeit. Ulla musste nicht allzu lange in ihrer gut organisierten Umhängetasche herumtasten, um die passenden Taschentücher für die nun fließenden Tränen zu finden: EINDEUTIG die mit den Todeslilien! Als Mutter dreier Kinder war sie gewappnet für jeden

Taschentuchnotfall: die weißen für Unschuldige, die mit den Minions für Einfallslosigkeit, die knallrosafarbenen für Cocktailnotfälle und die Regenbogenteile, um jede Hoffnung aufrecht zu erhalten.

Dreieinhalb Packungen Todeslilientaschentücher später war Brigitte schon so weit, einen Besuch der künftigen Grabstätte, sprich ihres Lieblingsbrockis, in Betracht zu ziehen. Ulla war schon immer ein kleiner Geizhals und schaffte es, Brigitte davon zu überzeugen, erst am letzten Geschäftstag des sterbenden Brockis Abschied nehmen zu gehen. Vor diesem Besuch mussten die Freundinnen aber noch einen Ersatz fürs bald abwesende Brocki finden - ansonsten drohte die Brocki-Trauerphase bis zum Weihnachtsfest anzudauern. Die listige Ulla schaffte es nach nur 2 Flaschen Champagner, Brigitte dazu zu bewegen, nicht ein neues Brocki zu suchen (TREUSEIN ERWÜNSCHT!), sondern ihren eigenen Keller aufzuräumen. So gingen die Freundinnen durch ein Spinnwebengeflecht ganzer vier Generationen verstorbener Spinnen in den Keller. Weil Brigitte häufiger im Brocki war als daran zu denken, mal ihren Keller aufzuräumen, brauchten die Mädels FÜNF Tage, bis sie sich eine Übersicht über dessen Inhalt verschafft hatten.

UND, siehe da: nach dem Aufräumen sah Brigittes Keller aus wie das sterbende Brocki zu seinen Glanzzeiten. Das Ergebnis wurde sofort aus allen Winkeln fotografiert und als Brocki-Denkmal auf Twitter, Instagram & Co. bewundert.

Als die Freundinnen sich am Tag der

Schließung des Brockis am Eingang trafen, hatten
sie beide Trauertanzschuhe an. Schweigend schlossen sie sich der Masse namenloser Gesichter an.
Die praktisch denkende Ulla hatte die braune le-
derne Trauertrommel parat. Bei jedem ihrer Schritte vibrierte das Trommelfell mit, sodass ihre Hände
wie von selber den Rhythmus pulsierenden Lei-
dens fanden.

Der Rhythmus wanderte in den Boden unter der Menschenmasse, stupste hier einen Fuß in
die Höhe, schob da einen Schuh in einen For-
schungsakt, fand eine Stimme, sich zu übersetzen
und infizierte endlich die Luft mit dem Tanz, der
uns allen zur Selbstheilung in die Wiege gelegt
wurde.

3. Cordelia und
der Kronleuchter des Kraulens

Da spaziert Cordelia nach einem anstrengenden Arbeitstag nichts ahnend die Straße entlang und will sich gerade gänzlich dem Grau-Sein hingeben, als der Kronleuchter sich dagegen entscheidet.

Dort hängt er, in seiner übermäßigen Pracht (TÜV-sicher befestigt), direkt vor dem Vorhang deprimierender Wolken, der in ganz Europa schon seit drei Wochen erstaunlich viele Überstunden bei der Selbstmordnotrufzentrale ausgelöst hat. Da muss man sich fragen, ob der Kronleuchter wohl ein Überbleibsel der Weihnachtsbeleuchtung sein soll… oder ob er sich gerade als Werbung eines der vielen Restaurants in der Nähe versucht.

Von Unentschiedenheit überwältigt bleibt Cordelia stehen.

Just in dem Moment kämpft sich die Sonne endlich erfolgreich durch die Wolkendecke. Die dreisten Sonnenstrahlen zerfetzen keck die Wolkenwatte und kitzeln die Lüster des Kronleuchters, bis die neugeborenen Regenbogenperlen sich - frisch geschlüpft - in Cordelias Haar des Lebens freuen, und ihr unter dem praktischen dicken Wintermantel den Rücken entlang kraulen.

Beim Rückenkraulen muss Cordelia den müden Wintermantel, ihre biedere Strickmütze

und ihre biologisch-politisch-korrekten Einkäufe
zu Boden werfen um eine Freuden-Macarena hinlegen zu können. Beim Tanzen fällt ihr ein, dass sie
unbedingt einen neuen Badeanzug haben sollte…
und zwar SOFORT!

Da rafft sie das elende Häufchen Winterbekleidung und ihre Einkäufe auf und stürzt sich,
immer noch leicht tänzelnd auf den Regenbogenperlen, die jetzt vergnügt zwischen ihren Zehen
nisten, ins Einkaufsvergnügen.

Den schmunzelnden Kronleuchter lässt sie
hinter sich. Er hat gerade eine ältere Dame auf den
Gedanken gebracht, zum ersten Mal in ihrem Leben die Birkenstocks gegen Stöckelschuhe einzu-
tauschen. Besagte Dame wird gewiss abends eine
beachtliche Macarena hinlegen müssen.

Am nächsten Tag muss Cordelia wieder die
Straße mit „ihrem" Kronleuchter entlang gehen.
Auch wenn jetzt keine Regenbogenperlen vom
Kronleuchter herunterfliegen, muss sie kurz eine
Macarena markieren, bevor sie zur Arbeit gehen
kann.

**Unter ihrer biederen Winterbekleidung
trägt sie heute einen ganz winzigen, niedlichen,
rosafarbenen Stringtanga.**

4. Donna untersucht den Arbeitsmarkt

Als Donna neulich in Basel kurzerhand von
ihrem Traumjob gefeuert wurde, ging sie schnur-
stracks ins Rotlichtviertel, um sich nach Vakanzen
zu erkundigen. Als Frischgefeuerte sprudelten
Unmengen an kreativen Ideen über die Arbeit in
einer völlig neuen Umgebung aus ihr hervor.

Sie hatte sich zur Inspiration und Motivation eine Liste ihrer Ausbildung, Erfahrung und be-
sonderen Talente gemacht, damit sie bei Bewer-
bungsgesprächen ganz professionell und ohne falsche Scheu von sich erzählen konnte. Ganz oben
auf der Liste ihrer Fähigkeiten: das Organisieren
von Erwünschtem. Ihre 33-jährige Erfahrung als
Illustratorin von Kinderbüchern schien ihr weniger
interessant.

Obwohl Donna bis zu jenem Tag, an dem
sie zum ersten Mal in ihrem Leben gefeuert worden war, keinerlei Erfahrung im Rotlichtbereich
vorweisen konnte - längere Wochenenden in Ams-
terdam soll man nicht anrechnen - meinte sie, wegen ihres organisatorischen Geschickes für das Leben als Puffmutter wie geschaffen zu sein. Sie fing
an, diese Zukunftsvision großzügig auszubauen:
sie würde sich um eine Lehrstelle zu kümmern,
um dann, nach 14 Monaten als Praktikantin, ihren
neuen Traumjob zu leben.

So ging sie frohen Mutes in die Toleranzzone, bloß einen Katzensprung vom Rhein entfernt -

tolle Lage für den neuen Lebensabschnitt! Sie
träumte schon von ihrem Praktikum, als das
Schicksal ihr ein Bein stellte. Zum ersten Mal wurde ihr bewusst, dass es in Basel tatsächlich Trot-
toirmarkierungen gibt, die die erlaubte Zone des
Vergnügungsangebotes bürokratisch korrekt markieren. "Wie praktisch!" Dachte sie noch, bevor ihr
geschultes Künstlerauge Einspruch erhob. Wenn
man dann schon eine Toleranzzone eindeutig zu
erkennen geben möchte, wie wär's mit Schildern,
die die Geschichte des traditionsreichen Gewerbes
honorieren?

Unterwegs zur Stadtverwaltung, wo sie
sich schlau machen wollte über die Möglichkeit,
die Toleranzzonenstraßenschilder umzufrisieren,
fiel es ihr wie Schuppen von den Augen, und sie
wusste, dass die Straßenschilder der Toleranzzone
nicht die einzigen waren, die dringend nach Ge-
samtüberholung der Optik flehten. Da sie recht
realistisch mit ihren Kreativitätsanfällen umging,
war ihr klar, dass ein Projekt „STRAßENSCHIL-
DER-UMFRISIEREN" bei der Stadtverwaltung
nicht gut ankommen würde und erst gut durch-
dacht werden müsse, bevor ein mögliches Konzept
der Öffentlichkeit enthüllt werden könne. Um so
ein Projekt zum Laufen zu bringen, würde sie eindeutig Verbündete brauchen, die wie sie zielstrebig
an neuen Ideen herumbasteln könnten.

Sie erwischte den nächsten Bus zum Euro-
Airport und nahm einen Billigflieger nach Berlin.
Auf dem Flokkati ihrer Sandkastenfreundin Ange-

la wurden die Grundlagen eines globaleren Projektes ausgetüftelt, um Donna zur Coco Chanel der Straßenschilddesignerinnen zu machen. Schon nach einer Woche war eine Mappe mit Straßenschildvorschlägen für alle Metropolen versandfertig.

Nach sieben Jahren Intensivarbeit waren Donnas Straßenschilder als *„kleine Schwarze"* aus keiner Weltstadt mehr wegzudenken. Ihr wurde gerade der Auftrag vergeben, Schilder für Gaudís' Sagrada Família-Kirche in Barcelona zu entwerfen.

Damit sie NIE vergisst, wo die Quelle ihres neuen Lebens liegt, hat Donna in ihrer als ihr Markenzeichen geltenden Riesenhandtasche immer ein Basler Toleranzzonenstraßenschildbild parat.

5. Evas Geister am Wasserloch oder:
Wo soll ich heute eine neue Kostbarkeit
in der Sonne entdecken?

Wie konnte ich tot sein
  als du noch lebtest,
    im Hass der verfaulenden Leiche,
      gehüllt in deine machtlose Wut?

Warum hast du gelacht
  als dein brenzliger Rücken sich von mir abwandte
    und sich am Berghang der Lieblosigkeit
      versteinerte?

Während du der Strömung widerstanden hast,
vergaßen die Wurzeln ihren Baum und versiegten.
Ein unberührtes Bächlein,
durchbrochen vom perfekten Kieselstein,
strebte nach Reinheit und wurde ausgelöscht.

Dein Baum triefte vor einer reichen Ernte
  unabhängiger Parasiten,
    runzelte gegen den Himmel und
      warf seine bedrohlichen Arme den Göttern entgegen.

Ein abgewetztes Kondom
  sammelte verfaulende Blätter und
    reinigte meine Sinne der Realität.

Der ratlose Vater ging nach Hause,
fand ein leeres Nest
und baute das Nächste…

6. Frene auf Joghurtsuche

Grundsätzlich kauft Frene immer wieder genau dasselbe auf ihrer Lebensmitteljagd: Obst, Gemüse, Fleisch, Brot und Joghurt.

Einem Geständnis von Frene zufolge beschränkt sie sich beim Einkauf nicht auf die günstigste/populärste/am besten sortierte Einkaufsmöglichkeit. Als Nicht-Autobesitzerin ist ihre Supermarktwahl vorerst eine geographische Überlegung.

So geht sie häufig zum Supermarkt, der in 150 Metern Entfernung von ihrem Arbeitsplatz schmollend vor sich hin modert - obwohl schon längst bekannt ist, dass glorreiche Schwärme sechsbeinigen Ungeziefers gerne ihren letzten, lambadageschädigten Lebensabend genau an diesem Ort verbringen.

Sie bleibt aber stur bei IHREM Markt (nennen wir ihn aus bequemlichen Anonymitätsgründen EUROPEST), weil dieser direkt an der Tramhaltestelle liegt, die sie unmittelbar von EUROPEST zu ihrer Wohnung (von Freunden liebevoll PESTOPIA genannt) verfrachten kann. Ihre Wahl des Supermarktes hat auch sehr viel mit dem schnucklig-knackig-attraktiven Sicherheitsbeamten, der immer MATRIX-bedrohlich herumschwebt, zu tun.

Um glücklich sterben zu können, wünscht sich Frene nur noch den Mut, etwas aus EURO-PEST klauen zu können.

7. Giulias Sommerkollektion - ein Kurzkrimi

Wenn man regelmäßig seinen Hund in der Nähe des Tierparks Lange Erlen in Basel Gassi führte, nahm man bald an, dass Giulia mit ihren zwei Golden Cocker Spaniel zur permanenten Ausstattung der Anlage gehörten.

Giulia, eine leidenschaftliche Hundebesitzerin, führte ihre Hundis Giorgio und Givenchy nicht nur jeden Tag drei Mal aus Pflichtbewusstsein Gassi, nein! Jeder Ausflug in die Langen Erlen bot dem hyperaktiven Hundepaar üppige Gelegenheit zum Herumtollen, Trainieren, Bewundertwerden und die Schönheitspflege. Es war bekannt, dass Giulia mindestens ein Drittel ihres Gehaltes in Hundebedarf investierte und mit allen Tierbedarfsverkäufern in ihrer Umgebung per Du war.

Seit drei Wochen wurden jedoch weder Giulia noch Giorgio und Givenchy auf der Hundewiese gesichtet. Nachforschungen ergaben Folgendes:

Giulia ist an einem sonnigen Mittwochmorgen um 07.30 wie gewohnt zum Bahnhof SBB spaziert, um zur Arbeit zu fahren. Als sie Schlange stehen musste, um den motivierenden Morgenkaffee an ihrem Lieblingskiosk zu holen, merkte sie, dass der steife Geschäftsmann vor ihr an gravierendem Deoversagen litt.

Da Giulias Leben schon seit ihrer Kindheit

von einem abnormal scharfen Geruchssinn ver-
kompliziert wurde, hatte sie immer einige Deover-
sagen-Notfall-Carepakete parat in ihrer abgewetzten Riesenhandtasche. Sie wollte nicht aufdringlich
wirken, aber als der an Eigenduft selbst eine Stink-
tierfamilie übertreffende Geschäftsmann, Gottfried, auf dem selben Gleis wie sie auf einen Zug
warten musste, schritt sie zur Tat.

Hätte sie gewusst, dass Gottfried 40 Minuten zuvor von seiner Ehefrau angeschrien worden
war wegen einer laufenden Steuerprüfung und
seines Versagens im Bereich der Körperpflege,
wäre Giulia heute noch am Leben.

Eigentlich schade, dass man das Videoma-
terial der Überwachungskamera nicht auf YouTube
teilen darf - die Szene war oscarverdächtig!

Giulia nahm ein niedliches, rosafarbenes
Päckchen Deoversagen-Notfall-Carepaket (DNC)
zur Hand, um den Leidenden möglichst ge-
schmeidig von seinem Problem zu befreien. Sie
ging zielstrebig auf den leicht zitternden Gottfried
zu, als die Durchfahrt eines Zuges angekündigt
wurde.

Während Giulia ausgiebig und routiniert
die Nutzung der Hilfsmittel gegen Deoversagen
im Carepaket erklärte, schaute Gottfried ihr mit
einem schiefen, verbissenen Lächeln tief in die Augen.

Dann umarmte er Giulia ganz fest und
sprang mit ihr direkt vor den durchbrausenden
Zug. Kurz bevor die erstickende Giulia samt

duftendem Gottfried in alle Windrichtungen zerstreut wurde, konnte man auf Giulias Lippen noch ein Lächeln erahnen, im Bewusstsein dessen, noch in ihrer Todesstunde ein weiteres Deoversagensopfer gerettet zu haben.

Nachwort: *Giorgio und Givenchy leben zurzeit vergnügt in Hannover bei ihren Patentanten Matty und Petronella. Sie sind regelmäßig beim Herumtollen in der Eilenriede zu erleben.*

8. Aus den Chroniken von Hilda: Sterben am Nachmittag

Sie sitzt wie hingeschmissen beim Riesenaschenbecher auf der traumhaft grünen Terrasse und starrt melancholisch auf die ersten Schneeflocken des Winters, die gerade versuchen, am Bodentod vorbeizuschleichen.

Über die Dächer hinweg flattert eine verlorene Schwalbe - eindeutig Bote des nächsten Bahnstreiks. NOCH eine, die beim Umzug nicht die Warnzeichen des Wechsels gespürt hat. Zwei Mitleidstränen kullern unmotiviert über Hildas verkniffene Wangen und landen im überfüllten Aschenbecher. Ihr fehlt die Energie zu entscheiden, ob es sich überhaupt lohnt, die nächste Zigarette anzuzünden.

Im Wachschlaf träumt sie, dass sie den Einzug in den Schuhhimmel feiert. Sie sieht sich, gekleidet in einem schlichten, schimmernden Etuikleid, barfuß durch die Pforten des Himmels schweben. Ein fremdes Geborgenheitsgefühl rüttelt sie aus dem Halbschlaf.

Am Aschenbecher im Schnee liegt eine fröhliche, sterbende Schwalbe. Sie lässt ihrer Seele gerade von einem rot getigerten Kater die letzte Absolution erteilen.

Unwissend seines Amtes wendet sich der Kater ab und widmet sich - gewerkschaftserwünscht - seiner Morgentoilette.

Während die kleine Seele der fröhlichen Schwalbe sich aufmacht, an die Himmelspforten zu pochen, unternimmt der Rotgetigerte die halbstündige Grundreinigung seiner rechten Vorderpfote… es ist schon erstaunlich, was sich so im Laufe des vorgeschriebenen Herumstreunens zwischen den Zehen heimisch machen kann!

Als der Rotgetigerte penibelst-genüsslich Blutspuren und Federreste einer Verwandten der Aschenbecherschwalbe zwischen der zweiten und dritten Kralle wegputzt, streift ein verirrter Sonnenstrahl den Hals der frisch Verstorbenen.

So kann die staunende Schwalbenseele im Schatten des irregeführten Sonnenstrahles aus Versehen ins Paradisum stolpern.

Moral der Geschichte: *Am Aschenbecher im Schnee hat man keine Hilfe von einem rotgetigerten Kater zu erwarten.*

9. Isolde auf Traummannsuche

Nach ihrer Scheidung von Urs (jeder Mensch sollte doch mal aus Versehen eine kurze, wilde, hormonell-motivierte Ehe eingehen, ODER?) sucht Isolde jetzt fast schon zwei Dekaden lang den von erfahrenen Hobby-Eheverschleißerinnen empfohlenen 80-60-40-er Traummann. Für Nichteingeweihte: so ein Mann soll

-mindestens 80 Jahre alt sein,
-mindestens 60 Milliarden Euro für Einkaufszwecke parat halten und
-mindestens 40° Fieber nachweisen können…
in nächster Nähe einer unterbesetzten Intensivstation

Selbstverständlich soll der 80-60-40er keine nachweisbaren Nachkommen haben und im Idealfall seiner Gemahlin einen Titel vererben. „Gräfin" reicht schon, „Prinzessin" wäre übertrieben und könnte politische Komplikationen und Pflichten beim Erben nach sich ziehen.

Gestern hatte Isolde eine Verabredung mit einem Wunschkandidaten, der alle Kriterien locker erfüllte. Beim Schlafengehen blätterte sie schonmal durch ihre Riesensammlung an Brautmodezeitschriften und fand tatsächlich eine Designerin, bei der sie sofort per Email einen Termin erfragte.

Bis zum Zeitpunkt, an dem Isolde

einschlief, hatte sie jede freie Minute der letzten 20 Jahre in nur EIN Hobby investiert: TRAUM-MANNSUCHE. Gestern erwischte ihre gelangweilte Seele sie im Traum und lieferte ihr eine überfällige Rechnung.

Isolde träumte vom Klopapiereinkauf. Kaum hatte sie die genaue Farbe, Dichte, Duftnoten und Muster mühsam gewählt, wurde ihr ein winziger Langhaardackelwelpe in die Hand gedrückt. In seinen hellbraunen, unschuldigen Augen stand Gassi-Bedarf so groß geschrieben, dass Isolde sich ohne das umständlich ausgesuchte Klopapier auf die Socken machte, um eine Wiese für die Welpenwonne zu finden.

Im wilden Sturz nach draußen gesellte sich ihr zutiefst deprimierter Sohn in voller Grufti-Garderobe zu ihr; Schwarz verschmierte Dreimal-Pflichtbussis wurden gelangweilt absolviert und sie befanden sich plötzlich in einem staubigen, heruntergekommenen Laden, in dem sie gemeinsam nach Klopapier stöberten.

Die sonstige Kundschaft im Endzeitgeschäft bestand ausschließlich aus 13-jährigen Mädels; alle strikt viktorianisch gekleidet mit auffälliger Tretchikov-Augenschminke und übersüßlichem, überdosiertem Parfüm als Merkmal.

Nach ausgiebigem Herumstöbern im unwahrscheinlichen Sortiment, von Autoteilen und Seglerseilen bis hin zu exotischen Lebensmitteln, stand Isolde plötzlich mit einem Paar Gladiatorenstilettos statt Klopapier in der Hand da. Fasziniert von dieser Schuhfundfreude, merkte sie die Bedrohung in der Luft erst, als ein Tretchikov-Mädchen sie schluchzend anrempelte.

Die bunte Kundschaft schwappte zitternd zum hinteren Teil des Raumes und versuchte, sich panisch vor einem Schatten zu verstecken, der mit zuverlässiger Pistole die Menschenmasse im langsamen Tango-Rhythmus tätowierte.

Als Isolde sich ebenfalls zu Boden warf, Gladiatorenstilettos schützend an die Brust geklemmt, roch sie schon das stechende Metall frischen Blutes, und fragte sich, ob ihr Sohn ein Angeschossener oder eher der Schütze war.

Sie wurde von ihrem eigenen Verzweiflungsschrei aus dem Albtraum gerissen, schleuderte alle Brautmodezeitschriften ins Altpapier und sagte den Termin bei der Designerin ab.

Ab heute wird sie jede freie Minute mit Freunden und Familie verbringen.

10. Die Farbenlehre der roten Juliane

Zwischen Juliane und der Farbe Rot war es eindeutig keine Liebe auf den ersten Blick; hatte ihre Mutter doch tatsächlich eine rote Küche, die bei ihr wiederkehrende Albtraumepisoden auslöste.

Ihre Vorliebe fürs Rötliche zeigte sich erst nach einer zehnjährigen Schwarz-ist-König-Phase.

Die schwarze Phase fing mit ihrer Laufbahn als Betriebswirtin an. Sie fand schon bald nach Abschluss ihres Studiums den passenden Job bei einer Firma, die bekannt dafür war, keinerlei wirtschaftliche Risiken einzugehen. Aus der engen Zusammenarbeit mit ihrem Kabinennachbarn Josef entstand nach der angemessenen einjährigen Verlobung eine zweckerfüllende Ehe. Da Josef am liebsten schwarz trug und beide Ehepartner eher Haushaltsmüffel (d.h. keinesfalls an so etwas wie Wäschetrennung interessiert) waren, blieben sie der Einfachheit halber bei funktioneller schwarzer Kluft, am liebsten geschlechtsneutral.

Julianes rote Phase fing ziemlich verstohlen an mit einem roten Lippenstift; ein Geschenk von ihrem Ehemann, der Julianes blasse Visage auf dem Ozean schwarzer Kleidung nicht mehr ertragen konnte. Anstatt die Scheidung einzureichen, griff Josef also als letzte Instanz zum Schenken eines kirschroten Luxus-Lippenstiftes.

Beim Auftragen des Lippenstiftes passierte ein kleines Wunder: Juliane konnte sich zum ersten Mal, seit sie von der roten Küche ihrer Mutter traumatisiert worden war, ohne Scham oder Wut in die Augen schauen. Es war, als ob die kirschrote Lippenfarbe ihr direkt in die schlaffen Venen floss und jegliche „anti-rot"-Zelle ihres abgelebten Körpers im Vorbeischleichen endgültig zerstöre und durch Frühlingsgelüste ersetze.

Als sie sich im Laufe des Tages die Strumpfhose passend zum Lippenstift kaufen musste - OHNE vorher nach Josefs Meinung gefragt zu haben! - war's um sie geschehen. Sie brachte noch am selben Abend die Hälfte ihrer NUR-schwarz-Kleidungsteile zum Wohlfahrtsverband und zwang den geduldigen Josef, mit ihr stundenlang Bilder von roten Autos, Kleidern, Häusern und Schuhen zu begutachten.

So fing bei Juliane der rote Lebensabschnitt an. Der so sehr vom Ehepaar angestrebte Status Quo wäre intakt geblieben, wäre sie bloß nicht so eine leidenschaftliche Gärtnerin. In ihrer schwarzen Phase hatte sie sich mit Rasen, Steinen und Kakteen begnügt, wobei sie immer alle Kaktusblüten, die es wagten, sich zu zeigen, sofort zwanghaft hatte köpfen müssen.

Josef, der sich heimlich köstlich über den Wandel bei seiner Frau Gemahlin amüsierte und sich sehnlichst einen Garten ohne Kakteen wünschte, wurde angesteckt vom Erscheinen roter

Nutzgegenstände in seinem Alltag. So plante er zum elften Hochzeitstag eine farbige Überraschung ohnegleichen. Nach vielen Online-Recherchen fand er das ultimative Geschenk: ein Wochenende im farbenreichsten Rosengarten Großbritanniens.

Dank seiner Kontakte bei der britischen Rosenmafia, fand er eine höchst exzentrische Dame, die es zu ihrer Lebensaufgabe gemacht hatte, einen Rosengarten im Südwesten Englands anzulegen, in dem alle der Menschheit bekannten Farben vertreten waren. Im Monat Juni erlaubte sie Besuchern mit Vornamen, die mit J anfingen, zu Gast bei ihr zu sein. Der ziemlich niedrige Preis für den Aufenthalt wurde klar, als die Gäste bei der Ankunft darüber informiert wurden, dass täglich vier Stunden Arbeit im Riesenrosengarten Pflicht seien. Die Rosengartenarbeit wurde beaufsichtigt von vier ungezogenen Corgis, deren aufwendige Pflege zum Gartenarbeitspensum gehörte.

Hier sei nur zu verraten, dass dieses Wochenende zur Grundlage der Julianischen Farbenlehre

"ALLE FARBEN PASSEN ZUEINANDER!"

wurde.

Nach dem romantischen Wochenende, an dem übrigens das erste von zwei Zwillingspaaren gezeugt wurde, löste Juliane eine Farbrevolution in ihrer direkten Umgebung aus. Ausgehend von ihrer Lieblingsfarbe fing sie an, mit Accessoires in kontrastierenden Farben die der Farbe Kirschrot eigene Freudenpalette herauszustellen. Beim Versuch, Knalllila mit Rot zu verbinden, entdeckte sie, dass die Farben einander besser vertrugen, wenn ein Klecks Grün drüberflatterte und das Erscheinungsbild mit goldenen Schuhen geerdet wurde.

Kollegen und Freunde merkten den Farb- und Sinneswandel bei Juliane, kamen mit ihr ins Gespräch über's WANN, WARUM und die Anwendungsgebiete der Farbenlehrenflexibilität. Viele solcher entspannten Gespräche über ein eher neutrales Thema reparierten Kommunikationsmakel zwischen Freunden, Ehepaaren und Kollegen, und entschärften so manche Situation drohender Lynch-Justiz-Entwicklung bei politischen Versammlungen. Nach der Geburt des zweiten Zwillingspaares wurde Juliane einstimmig zur Bürgermeisterin gewählt.

Zur Zeit entwickelt sie eine funktionstüchtige Farblösung des Nahost-Konfliktes. Auf eines kann man sich bei der Politikerin verlassen: **die Unterwäsche bleibt pragmatisch aber kirschrot.**

11. Kerstins Katze:
ein Klagelied mit Trauerfeier

Kerstin schaute am 3. Januar um 08.45 tief in die schmerzblauen Augen ihrer 18-jährigen Kätzin Katja, durch den geteilten Schleier zwischen Leben und Tod den Erinnerungsschatten ihres Großvaters herbeisehnend.

Opa Simon hatte in den letzten Jahren seines Lebens die Härte des ständigen Schmerz-Überwindens nicht mehr aus seinen Augen weglächeln können. Als 12-Jährige war es für Kerstin immer wieder eine Mutprobe gewesen, Opa in die Schmerzaugen zu schauen und sehnlichst zu WOLLEN, dass ihr Lächeln das Leiden aus dem alten schiefen Körper weglieben könne.

Als Kerstin nun langsam und bedächtig ein Pfötchen von Katja zum Abschied streichelte, konnte sie sehen, wie die Narkose zur Vorbereitung des Einschläferns über den Schmerz in Katjas Augen siegte. So schauten Kerstin und die leise schnurrende Katze einander wissend in die Seele, um auch noch den Moment der Schmerzauflösung miteinander teilen zu können. Eine schläfrige, fast verspielte Tatze streichelte noch kurz Kerstins Ringfinger, bevor Katja sich in Schlafwonne auflöste.

Klaus, der Tierarzt, der die Überdosierung

Narkose* spritzen sollte, um Katjas Erlösung zu vollbringen, erschien in dem Moment, als die ersten Tränen drohten, Kerstin zu Boden zu werfen. Er hätte sich seit seinem siebten Lebensjahr nichts sehnlicher gewünscht als Steuerberater zu werden. Da er aber aus einer renommierten Tierarzt-Familie kam, blieb ihm, mangels Überzeugungskraft, keine freie Berufswahl. Nachdem er sein Studium erwartungsgemäß summa cum laude abgeschlossen hatte, fing er funktionsfähig an, in der Familientierklinik zu arbeiten.

Er hatte keinen Bezug zu den Tieren oder Tierbesitzern: sie waren für ihn alle Teil einer Statistik, die er in der Klinik eingeführt hatte. Das Erstellen dieser Statistik von Behandlungen, Einschläferungen, Zeiteffizienz, usw. war seine Methode, den Traum, doch noch Steuerberater zu werden, erhalten zu können.

Als Klaus ganz effizient Katjas Tötungsspritze* setzte, wusste er, dass seine Tabelle zur Einschläferungsdokumentation für diese Woche nicht durchschnittlich bleiben würde, und freute sich schon auf die Anpassung seiner Statistik. Dass Kerstin beim Einschläfern ihres Tieres weinte, entsprach dagegen gänzlich dem Durchschnitt.

---

viele Tierärzte benutzen inzwischen zum Einschläfern eines Tieres 2 Spritzen: die erste um das Tier nur schläfrig zu machen, die zweite um das Tier zu befreien. So hat der Tierbesitzer die Chance, noch einmal sein Tier beim Einschlafen zu sehen und anschließend bewusst Zeuge der letzten Reise seines Lieblings zu werden

Er freute sich schon aufs Tabellenbasteln, als die noch heulende Kerstin ihn aufhielt mit einer Einladung zur Trauerfeier ihrer Katze. Da er noch keine Daten für eine Statistik zum Thema *Katzentrauerfeiern* erhoben hatte und schnellstmöglich der weinenden Frau entkommen wollte, sagte er sehr schnell zu.

Aufgrund seiner guten Erziehung erschien er bei der Trauerfeier am Rheinufer mit selbstgebackenen Trauerkeksen nach dem Rezept seiner Urgroßmutter. Zum Spaß hatte er seiner Teigmischung eine Prise Katzenminze hinzugefügt, um zu überprüfen, ob das Kraut vielleicht bei Menschen auch eine katzenhafte Spinnerei auslösen würde.

Als eher schüchternes Exemplar war Klaus schon ziemlich eingeschüchtert, als er der bunten Bande von Trauerfeiergästen vorgestellt wurde und ihm ein Glas rosafarbenen Schaumweins aufgedrängt wurde. Sein Streben nach Anonymität wurde vereitelt durch Kerstins arg esoterische Ansage, dass jeder Trauergast einzeln ans Wasser treten und beim Ausstreuen von Katzenhaar in den Rhein den jeweils größten persönlichen Wunsch aussprechen solle, damit Katja jenen Wunsch erfüllen könne auf ihrer Reise ins Jenseits. Um nicht weiter aufzufallen, trat Klaus also ans Wasser und erzählte dem Rhein und der angeblich reisenden Seele einer Katze, dass er Steuerberater sein mochte.

Acht Jahre später finden wir Steuerberater

Klaus und eine katzenlose Kerstin glücklich verheiratet: aus dem gemeinsamen Erstellen von Katzentrauerfeierstatistiken ist inzwischen eine verspielte Ehe geworden, gekrönt von der Geburt der Zwillinge Katrin und Konrad.

Besagte Zwillinge werden wohl heute noch die Eltern fragen, wann sie denn endlich eine Katze haben dürften.

12. Die Silberfische der lesenden Leonie

Man munkelt, dass Leonie unpassend viel lese. Fast jede junge Frau in ihrem Alter verlegt das Lesen irgendwann auf iBooks, iPad oder irgendeinen Zweig der iFamilie. Inzwischen gibt es leider schon eine Legion von Ex-LeserINNEn, die das Lesen ersetzt haben durch eine **Metflix***-Sucht. So findet Leonie immer mehr Bücher in heruntergekommenen Bücherläden, die sie unbedingt adoptieren muss.

Leonies Beziehung zu Büchern fing an, als sie in ihrer Kindheit alle möglichen Allergien aufwies. Als ihre Eltern ihr zum siebten Geburtstag einen Golden Cocker Spaniel schenkten, verbrachte Leonie nach einer einzigen abschleckenden Umarmung von dem hyperaktiven Welpen drei Tage in der Notaufnahme, bevor sie wieder normal atmen konnte. Während der ersten Nacht im eigenen Bett nach dem Notaufnahmenalbtraum schlich eine streunende Katze durch ihr weit geöffnetes Schlafzimmerfenster und beförderte sie, durch eine kurze Berührung einer fragenden Tatze, mit Atemnot, triefenden Augen und einem aggressiven Hautausschlag zurück auf die Erste-Hilfe-Sta-

----

**Metflix:* *hier ein Sammelname für Videoportale, mithilfe derer einem das Lesen leicht abgewöhnt werden kann durch das zombieartige Glotzen eines faszinierenden Angebotes an Serien und Filmen; Leonie hat ihr Abo bei Metflix gekündigt, nachdem sie gelesen hat, dass Metflix-Nutzer durchschnittlich 6,3 Kilogramm pro durchgeglotztem Monat zunehmen*

tion.

Der diensthabende Arzt, Herr Doktor Grimmgold, ließ Leonie auf alle denkbaren Allergien testen und war von den Resultaten begeistert: so ein extremer Fall einer Allergie-Ansammlung war noch nie studiert und dokumentiert worden! Er ahnte, dass Leonies Zustand ihm zu weltweitem Ruhm im Bereich medizinischer Fachzeitschriften verhelfen könne.

Nach einem ernsthaften Gespräch mit den Eltern wurde Hausunterricht und eine vegane Ernährung als die einzig praktikable Lösung der Allergie-Explosion akzeptiert und Leonie bekam von Doktor Grimmgold ihre erste Enzyklopädie geschenkt: eine alte Ausgabe von „ALLERGIEN THERAPIEREN - DIE GRUNDLAGEN", die er als junger Medizinstudent schon wund gelesen hatte. Er dachte, ihr damit eine Freude machen zu können, war sich aber nicht der Nebenwirkungen seines Geschenkes bewusst.

In ihrem sterilen Schlafzimmer meinte Leonie, das Buch so schnell wie möglich lesen zu müssen: wenn eine Autoritätsperson, versehen mit magischen Heilkräften (die sie Dr. Grimmgold zutraute), ihr so ein Buch anvertraut hatte, könne dieses Buch ihr vielleicht die Allergien wegnehmen, überlegte sie mit einem noch unversehrten Vertrauen auf Wunder.

Egal, wie lange Leonie damit kämpfte, das Buch zur eigenen Heilung zu lesen, ihre Allergien blühten auf und mutierten zu neuen Strähnen der

Klassiker wie Pollen- und Hausmilbenallergien, die auf keine Behandlung reagierten. Leonie studierte, ausgerüstet mit Mundschutz, Haube und Handschuhen, verbissen hoffnungsvoll weiter „ihre" Enzyklopädie.

Um das Riesenbuch verstehen zu können, besorgte sie sich ALLE auffindbare Literatur, die auch nur im Vorbeigehen in der Enzyklopädie der Allergien erwähnt wurde. So war das leichenblasse, hechelnde Mädchen bald bekannt bei allen Antiquariaten in der Umgebung. Ihr Lieblingsantiquar blieb aber Leopold. Weil er sich Sorgen machte um den Mangel an Kindheitserlebnissen der kleinen Leonie, schenkte er ihr zusätzlich zu jedem ihrer Einkäufe irgendeines medizinischen Handbuches ein farbenfrohes, kindgerechtes Buch. Der Wendepunkt in Leonies einsamem Leben kam aber, als er ihr zum ausgiebigen Studium ihrer Asterix-Comichefte eine antike Lupe aus seiner Erbschaft väterlicherseits schenkte. Er hoffte, dass Leonie beim Asterix-Studium den Humor der feineren Details, die so liebevoll in vielen Ecken der Skizzen verstohlen brillieren, kennenlernen würde. Ihr Hausunterricht hatte offensichtlich weder Lächeln noch Humor im Unterricht vorgesehen.

In ihrem Bücherkloster-Zimmer nahm Leonie die Lupe zur Hand um das Asterix-Heft, wie von Leopold empfohlen, näher zu studieren. Sie legte ihre leichenblasse Stirn zur Konzentration in Falten und entdeckte das erste lebende Wesen, das keine Allergie bei ihr auslöste, zwischen den ersten

beiden Seiten des Heftes: ein Silberfischchen. In ihrem geschützten Hausunterricht war das Thema „Ungeziefer" nie angesprochen worden.
So konnte Leonie ohne jegliche Empfindung des Ekels das Tierchen betrachten. Unter der Lupe schien es sich zu freuen über die lustigen Bilder, auf denen es gerade herumtastete. Leonie taufte das Silberfischchen prompt auf den Namen Idéfix - kroch ihr neu entdeckter Zimmergenosse doch gerade über das Hündchen von Obelix im Asterix-Heft. Beim vorsichtigen Herumstöbern entdeckte sie ein ganzes kleines Dorf an Silberfischchen, das gerade Asterix, Obelix & Miraculix ersthändig erlebte.

Sie eilte zurück zum Antiquariat, um von Leopold Näheres über ihre ersten Haustiere zu erfahren. Als Leopold die strahlenden Augen des blassen Mädchens, das unbedingt ALLES über Silberfischchen wissen wollte, sah, fiel ihm ein, dass er doch das passende Buch für diese Situation auf Lager hatte. Im Safe, in dem er seine Bücher aufbewahrte, die er meinte, nie verkaufen zu können, fand er « DER SILBERSCHWARM » für Leonie.

Diese Märchensammlung, mit Silberfischchen als Hauptagierende, wurde im Jahre 1854 von Häftlingen geschrieben, die allesamt lebenslänglich im Kerker bleiben würden. Diese Häftlinge hatten, von der Einsamkeit motiviert, die einzigen Lebewesen, mit denen sie in der Gefangenschaft Kontakt hatten - Silberfischchen - genauestens studiert und sie zu Hoffnungsträgern erhoben.

Die Silberfischchen wurden in Märchen zu Helden
gekürt und ihre ausschweifenden Heldentaten
hochgepriesen.

Das Vorwort des Buches nannte die Eckda-
ten der «Künstler»: Silberfischchen haben 6 Beine
und 5 Fühler, werden maximal 0.9 Zoll (2,28 cm)
lang und leben bis zu 8 Jahren. Als Leonie zu Hause las, dass ihre Herde Hauskumpanen auch noch
Allergie auslösende Hausmilben und Schimmel-
pilze wegfressen, war eine lebenslange Freund-
schaft garantiert.

Leonie ging, mit diesem Fachwissen gewappnet, nun aufs Sichere, damit ihr Zimmer, und
später ihr eigenes Haus, optimale Bedingungen für
ihre Silberfischchen bot. Da die Tierchen Temperaturen zwischen 20 und 30°C und hohe Luftfeuch-
tigkeit brauchen, um sich munter fortpflanzen zu
können, ließ Leonie sich indoors einen Tropenwald
anlegen.

Da ihre Silberfischchendorfbewohner sich
unter diesen optimalen Lebensbedingungen sehr
schnell fortpflanzen konnten, fand Leonie bald genug Stoff, um ihre eigene Enzyklopädie zu schreiben: « MÄRCHEN AUS EINEM KLEINEN
NICHT-GALLISCHEN DORF ».

Nebenwirkung ihres neuen Lebensstils:
Alle ihre Allergien verschwanden auf wundersame
Weise. Herr Dr. Grimmgold widmete sich dem
Studium der Silberfischchentherapie.

13. Martine mustert Männergespräche

Dank günstiger Mondphase und exzellenter Terminkalenderkoordination war es am vorherigen Mittwoch mal wieder so weit: Martine traf sich mit ihrer mondsüchtigen Freundin Mona zum Mai Tai-Trinken und Mustern von Männergesprächen.

Die unternehmungslustigen Freundinnen hatten das Hobby **MgM**[*] (**M**ännergespräch**M**ustern) schon während der Studienzeit für sich entdeckt und entwickelt, als sie merkten, dass das gängige Hobbyangebot an der Uni sie nicht begeistern konnte. Man könnte sich leicht für Kampfsport, Stricken, Alkoholkonsum als Sportdisziplin, Schach oder so etwas Durchschnittliches begeistern lassen, aber Martine und Mona zeigten schon seit ihrer Einschulung, dass sie eher aus demselben Entdeckerholz geschnitzt waren.

Beim Muster-Meeting am Mittwoch lief es wie geschmiert: Das Singen der **MgM-Hymne**[†]

---

[*] ***MgM:*** *MännergesprächMustern: beim Schreiben über dieses Hobby bitte auf die Kleinschreibung Acht geben, damit keine unerwünschte Verwechslung mit irgendeinem Konzern, von einem brüllenden Löwen gekennzeichnet, zum Thema wird*

[†] ***MgM-Hymne:*** *ursprünglich von Richard Wagner gedichtet und vertont in seiner Oper "DIE MEISTERSINGER VON NÜRNBERG" - das zugrunde liegende Libretto könnte als Quelle für bahnbrechende psychotherapeutische Maßnahmen dienen, höchstwahrscheinlich aber auch ungeahnte Suchtneurosen auslösen*

war, wegen unkontrollierter Lautstärkenkontroll-
problematik, auf jeden Fall VOR dem Eintreffen
des ersten Cocktails zu absolvieren. So standen
Martine und Mona stramm hinter den vorgeschriebenen Riesensonnenbrillen und sangen auf
12-cm-Stöckelschuhen allerliebst:

> *« Wahn! Wahn! Überall Wahn!*
> *Wohin ich forschend blick'*
> *In Stadt- und Weltchronik,*
> *Den Grund mir aufzufinden,*
> *Warum gar bis aufs Blut*
> *Die Leut' sich quälen und schinden*
> *In unnütz toller Wut! »*

Die Mädels waren somit in der zweiten
Phase eines MgMs angekommen: der ausgiebigen
Analyse des Erscheinungsbildes der zu mustern-
den Männer. Es schien diesmal leicht zu werden
mit dem Erraten des Gesprächsstoffes: die zwei
Exemplare waren anhand der Berufsbekleidung
und ihrer körperlichen Beschaffenheit unschwer
als Bauarbeiter zu erkennen. Auch ohne Arbeits-
kluft hätte doch jeder darauf getippt, dass die ge-
bräunten Ausgaben Körpertyp Schwarzenegger
samt gedeihendem Bierbauch, von der Baustelle
bei der Ampel gleich hinter der Cocktail-Oase
stammten.

Beim langsamen Trinken des ersten Mai
Tais schrieben Martine und Mona genauestens ihre
Prognosen ins MgM-Feldbuch. Martine entschied

sich für Fußball und Bier als Gesprächsstoff, Mona
meinte, dass die Exemplare, als eindeutige Frei-
luft-Fanatiker, sich gerade eher über eine Bergwanderung oder minimale Badebekleidung von
DD-Strandnixen aussprechen würden.

Nach dem ersten Cocktail war es Zeit, die
dritte Phase des MgMs einzuläuten: das ´Ranpir-
schen. Die selbst erstellten Regeln des MgM-An-
pirschens besagten, dass man es schaffen musste,
in Hörweite der Mustermänner zu geraten, ohne
Augenkontakt aufzunehmen und ohne von den
Subjekten auf einen Drink eingeladen zu werden.
Im Falle eines solchen Misserfolges war die Gaststätte sofort zu verlassen und das MgM im nächst-
liegenden Lokal anzustreben, angefangen mit der
Hymne.

Als die MgM-Betreiberinnen in ihren
Zwanzigern waren, mussten sie, aufgrund eines
gescheiterten Anpirschens an einem schönen
Abend im Mai, die Hymne SECHS mal singen,
ohne auch nur in Hörweite der angedachten Stu-
dienobjekte zu geraten.

Inzwischen hatten die eingefleischten
MgM-Betreiberinnen jeweils schon mehr als sechs
Dekaden auf dem Tachometer, wodurch sie es
VIEL leichter hatten, das unbemerkte ´Ranschlei-
chen zu praktizieren.

Am Mittwoch gelang es Martine und Mona
tatsächlich innerhalb weniger Minuten, in Handta-
schenschwungnähe ihrer Gesprächspartner zu ge-
langen. Die erfahrenen Kicherkumpel freuten sich

56

schon aufs Ende der 4. Phase: das Prüfen der Prognose.

Mit angehaltenem Atem hörten unsere Hobby-Detektivinnen dem zu, was Karl-Heinz und Horst einander so zu sagen hatten. Die ganze Kneipenbesatzung wusste beim Betreten des Lokals, dass die Jungs Karl-Heinz und Horst hießen. Sie hatten die charmante Angewohnheit, nach jedem größeren Schluck Bier einander zu segnen mit einem lautgerülpsten "KARL-HEINZ!" und "HORST!"

Horst war gerade mit seiner potent-kontrollierten, geschmeidigen Röhre im Sprechtempo des Altkanzlers Kohl beim Zelebrieren: "...aber nicht vergessen, die Zwiebeln ZUERST langsam zu dünsten, bevor du überhaupt daran denkst, die Zucchini- und Paprika-Schnipsel dazu zu geben. Hast du schon versucht, Deine Gemüseschnipsel über Nacht in Champagner zu marinieren?"

Weil unsere MgM-Streberinnen mit ihren Prognosen so weit daneben lagen, tranken sie, wie vorgeschrieben, brav jede zwei Long Island Iced Teas, um sich so besser zu rüsten für die Planung des nächsten MgM-Abends.

14. Die nörgelnde Nora

Nora ist leider nicht im Stande, ihr Leben ersthändig zu genießen, NEIN: anstatt auch nur eine kleine Zehe in den Strudel des Gefühlsangebotsspektrums des Lebens zu tunken, hüllt sie sich in ein Kondom des Überanalysierens mit Begleiterscheinungen von Überdefinition. Laut ihrem sehr toleranten Priester ist Nora ein klassisches Musterbeispiel dafür, dass Matthäus 7:3 auch im Jahre 2018 aktuell bleibt: „Was siehst du aber den Splitter im Auge deines Bruders, den Balken aber in deinem Auge bemerkst du nicht?"

Wegen ihres ständigen Nörgelns hat Nora keine Freunde: sie sind längst alle in die Wüste geschickt oder verscheucht worden vom unausweichlichen Nörgeln - Noras verbissener Grundeinstellung.

Heute bereut Nora zum ersten Mal im Leben, dass niemand dabei ist um wenigstens gemeinsam herumgiften zu können, während sie die Wohnung ihrer erst unlängst verstorbenen Lieblingstante ausmisten soll. Weil Nora fast das gesamte Vermögen von Tante Elena geerbt hat, fiel es der Familie leicht, das Ausmisten gänzlich Nora zu überlassen.

Wo anfangen, Ordnung zu schaffen in der Wohnung einer eher Unbekannten? Obwohl Nora Tante Elena wirklich gern hatte, gab es keine Seelenverwandschaft. Beide Damen freuten sich insgeheim darüber, dass sie ab und zu bei der gemeinsamen Teezeremonie EINFACH DA SITZEN KONNTEN, ohne dabei, der Gesellschaft zuliebe, anstrengende Emotionen vortäuschen zu müssen.

Es überrascht Nora, dass eine kreative Unordnung auf dem Bettkästchen ihrer sonst so ordentlichen Tante herrscht. Damit sie das Schlimmste zuerst hinter sich bringen kann, fängt sie, nachdem sie sich die praktischen gelben Gummihandschuhe, die in der Drogerie als Familienpackung im Sonderangebot waren, übergestülpt hat, hier mit der unerwünschten Herausforderung an.

Ein samtüberzogenes, geblümtes Büchlein sticht ihr als unpassend hoch 4 als Erstes ins Auge. Tante Elena hat die Zeit gefunden zu schreiben?! Zwei rosafarbene Klebezettelchen ragen verspielt aus dem Heftchen. Bei näherer Betrachtung bemerkt Nora die goldene Kunststickerei auf dem Umschlag: „FÜR NORA - FALLS SIE AUFRÄUMEN MUSS"

Völlig aus der nörgelnden Fassung gebracht, setzt Nora sich auf das unbequeme Bett ihrer Tante und liest im Heftchen:

„FEIERLICHKEITEN - Die schönsten Anlässe im Leben sind manchmal die ungeplanten, die einem passieren, just wenn man sich wie ein Hamster im Laufrad fühlt und sich keinen Ausweg aus dem ewigen Kreis der Langeweile erhofft. Um dem Laufrad der Langeweile zu entkommen, braucht man eine/n Gleichgesinnte/n zum HINAUSFEIERN.

DIESES Zettelchen am Schminkspiegel befestigen, damit Du Dich jeden Tag zum Feiern pflegst und schminkst:

HINAUSFEIERN: (V) sich aus einer Lage befreien durch das aktive Feiern. So kann man sich aus einer Trauerphase hinausfeiern, wenn man beim Feiern das Ziel des Wohlseins klar vor Augen behält, und die üblichen Schritte der Planung, des Essens und des Trinkens tüchtig absolviert.

Sehr wichtig bei der Wahl eines Gleichgesinnten ist es,

1. wenn Du so einen Menschen gefunden haben solltest, denjenigen gleich zu heiraten, oder wenigstens das Duzen anzustreben, und
2. NICHT die hinausfeierbare Zeit zu verschwenden mit Sauerstoffräubern, die permanent penetrant-negativ sein möchten!

Meine eigene Großmutter hat mich schon vor Negativlern gewarnt. Ein Negativler, der schon länger die düstere Lebensweise als einziges Steckenpferd praktiziert, würde es schaffen, zur Schlagzeile „WIR HABEN DEN WELTFRIEDEN ERKÄMPFT UND GLEICHZEITIG DIE HUNGERSNOT WELTWEIT AUS DEM WEG GERÄUMT!" in seiner Reaktion eine Endzeitstimmung aufkommen zu lassen.

Gespräche unter Negativlern würden sich im Weltfriedensfall um die drohende Wirtschaftskrise (mangels

Krieg) und die ansteigende Arbeitslosigkeit in den Bereichen Psychiatrie, humanitäre Hilfe und der Rechtswissenschaften (obsolet werdende Therapeuten, Hilfsorganisationen und Rechtsanwälte aufgrund der positiven Einstellung der Menschheit) drehen.

Bitte Folgendes am Schlüsselkasten anbringen und die Definition als Warnung lernen. Diese Definition wird Dir beim Verlassen Deiner Wohnung einen Schutz gegen Negativler gewähren. Bei der Rückkehr in deine Wohnung wird die Definition jegliche mitgebrachte, absorbierte Negativität aufsaugen und entschärfen.

NEGATIVLER: eine Person, die dem Leben gegenüber so negativ eingestellt ist, dass sie beim Brötchenkauf, im Morgenmantel gekleidet, mit düstrer, unheilherbeibeschwörender Miene selbst ein geschenktes Blümchen oder Brötchen barsch ablehnen würde.

Als zusätzliches Gegengift nach dem Kontakt mit Negativlern empfehle ich es Dir, Dir gelegentlich einen ZUFRIEDENHEITSANFALL zu erlauben. Hast Du schon mal einen gehabt? Meine Frauenzeitschriften schreiben so häufig über die besten Orgasmen, dass ich den Eindruck bekommen habe, die GESAMTZUFRIEDENHEIT sei asthmatisch hechelnd auf der Strecke liegengeblieben.

Meine Zufriedenheitsanfälle kamen meistens in dem Moment zur Rettung, als ich nicht mal mehr die Energie zum Selbstmord hatte. Da nörgelt man sich konzentriert-unvergnügt durch das Leben, das sich immer mehr als gedeihende Last in der linken Kniescheibe offenbart. Die bleischweren Füße schaffen es fast nicht mehr, den unmotivierten Körper zur Arbeit und zurück zur Wohnungstür zu verfrachten. Jeder Atemzug ist eine bedrohliche Steuererklärung der Melancholie, die, wie ein klebriger, ungezogener, ungeladener Gast, sich offensichtlich NIE wieder zur eigenen höllischen Höhle scheren wird.

In DEM Moment, liebe Nora, wenn du in Körper und Seele zugibst, dass es keine Hoffnung mehr unter den Lebenden gibt, bist du empfänglich für deinen persönlichen Zufriedenheitsanfall. Ein Zufriedenheitsanfall möchte eingeladen werden, Liebste!

Lass Dich nicht vom schmalen Zufriedenheitsweg ablenken: Gegen die Zufriedenheit wird tagtäglich in den Medien, Restaurants, Geschäften und Wettervorhersagen arg intrigiert. Laut Werbung gibt es immer was Schnelleres/Kleineres/Farbintensiveres als das Produkt, das man sich gerade nach Jahren des peniblen Bausparens gegönnt hat.

Der Zeitpunkt des ersten Zufriedenheitsanfalles wird ein Göttergeschenk sein, liebe Nora!
Stell Dir vor, Du schaust kurz über die linke Schulter um zu sehen, was Dich gerade so nervt, und spürst plötzlich eine Sehnsucht, wie ein verspieltes Kätzchen, Dich wild schnurrend im Wohlsein vor Freude auf der nächstbesten grünen Wiese zu wälzen.

GLÜCKWUNSCH! Diese primitive Reaktion wäre Dein erster Zufriedenheitsanfall, den ich Dir sehnlichst aus dem Jenseits wünsche. Wenn diese Zeilen Dir eine Hilfe waren, bitte weitererzählen!"

Schon das Lesen dieser Zeilen hat Nora ein Lächeln ins Gesicht gezaubert. Sie wird demnächst wegen des ungewohnten, regelmäßigen Lächelns häufiger einen Muskelkater im Gesicht haben.

Noch bevor sie nach Hause geht, um die geerbten Klebezettelchen wie gewünscht anzubringen, geht sie zur Kunsthandlung, um ein samtenes Büchlein zu kaufen - damit auch sie, wie ihre Tante Elena es ihr vorgemacht hat, eines Tages ihrer Nachkommenschaft vom Zufriedenheitsanfall berichten kann.

15. Olivia in der Oper

Olivia ging eigentlich nur in die Oper, weil ihre geliebte Oma Anna ihr das so vorgelebt und eingeflößt hatte. Erst elf Jahre nachdem ihre Oma nach Valhalla schwebte, entdeckte Olivia ihre eigene Lust am Opernbesuch. Sie nahm gerne jüngere Freunde mit in die Oper, nicht nur für den gemeinsamen Genuss, sondern auch damit sie, bei einem Aperol Spritz, eine frei erfundene Sage aus Südafrika, die sie von Oma gehört hatte, weitergeben konnte.

Damit diese der Nachwelt nicht abhanden kam, schrieb sie die Sage gerne in Deckblätter von Büchern, die sie verschenkte.

Da Olivia inzwischen bei ihrer Oma in Valhalla weilt, darf man die Sage teilen.

ES LEBE DIE TRADITION!

Eine Sage aus Südafrika erzählt von einer mutigen Meute heldenhafter Opernsänger, die respektvoll ihrem schmachtenden Publikum den sehnlichsten Wunsch nach Abwechslung erfüllen wollte.

Über Monate hinweg forschten diese wilden Wanderer in der Kulturwüste der Kopflosigkeit herum. Sie suchten verzweifelt nach Mitteln,

sich gegen die dramaturgifizierenden[*] Übermächte
zu wehren. Auf der Suche nach Erleuchtung stie-
ßen sie auf

> Tatkraft,
> Lust an Effizienz,
> Respekt allen guten Handwerkern (auch
> Musiker sind HANDwerker) gegenüber,
> und Loyalität untereinander

als die ultimativen Selbstverteidigungs-
maßnahmen.

So schaffte es diese muntere Meute mutie-
render Opernsänger, sich erfolgreich, mit Geschick
und Freude auf eine unmöglich erscheinende Aufgabe zu stürzen: den endgültigen Triumph über
die Mittelmäßigkeit.

---

[*]*Oma Anna benutzte gerne das Wort "dramaturgifizieren" in allen
Deklinationsmöglichkeiten; Laut ihrem Gebrauchs-DUDEN bedeu-
tet* **dramaturgifizierend:** *auf eine überflüssige, selbstverherrlichen-
de, talentfreie, unerwünschte Art*

16. Petra pulverisiert das Montagsmonstrum

Die Konfrontation mit dem Montagsmonstrum der Kalenderwoche 38 im Jahre 2017, **MIT** einer fürchterlichen Erkältung, hätte leicht alle kreativen Selbsterhaltungstriebe Petras ausgelöscht - wenn sie keine zuverlässigen, pragmatischen Freunde gehabt hätte, die es ihr ermöglichten, jeden Angriff von Bakterien oder Energie-Vampir-Mitmenschen als eine Einladung zu sehen, eine langsame Pirouette zu drehen, zweimal zu blinzeln und dann das aktuelle Problem als bloße Herausforderung aus einer anderen Perspektive anzuschmunzeln.

Betrachtet man das gesamte 360-Grad-Spektrum an Herausforderungen, das das Leben uns bietet - auch ohne eine vorbereitende Pirouette - eröffnen sich schon bald viele Möglichkeiten eines Frühjahrsputzes unseres körperlichen und geistigen Gepäcks, das wir unwissentlich schon im Mutterleib geschenkt bekommen haben. Die falsche Sicherheit von Gewohnheiten und Süchten, hinter denen wir uns verstecken, muss abgestaubt und neu arrangiert oder zumindest für zukünftiges Handeln gekennzeichnet werden, wenn sie uns nicht niederreißen soll.

Auftritt MONTAG: Petras Entschärfung des Montagsmonstrums fängt bei der Wurzel des Problems an. Da ein großes Problem in kleinere Abschnitte zerlegt überschaubarer erscheint, hat

Petra ein schlichtes, kosteneffektives Gegenmittel entdeckt, um drohende Attacken des Monstrums zu beseitigen: den Perspektivenwechsel.

Ganz einfach: Petra geht nach draußen und fixiert bewusst die traurigste verfügbare Aussicht. In der vergangenen Woche konzentrierte sie sich beispielsweise auf die Ruinen der ewigen Baustelle, die drohte, das üppige Grün ihrer Nachbarschaft zu zerstören, und ließ sich noch tiefer in den Abgrund ihrer persönlichen Verzweiflung hinunterreißen. Sie ließ ihre hoffnungsleeren Augen über die Trostlosigkeit wandern und entdeckte eine winzige blaue Blume, die tapfer ihrer sicheren Zerstörung entgegengrinste. So riss sie ihren Blick weg von der Bedrohung des großen Ganzen, um sich NUR auf die unwissende blaue Blume zu konzentrieren. Sie griff nach ihrer Kamera und zoomte in das Herz eines Wesens, das auf jeden Fall ein Opfer des nächsten Ansturmes der Bauarbeiter werden würde.

Dann überhäufte sie das Bild mit Traurigkeits*hashtags* - gleichzeitig eine Liste ihrer Montagsmonstrumssymptome - und lancierte ihren blumigen Perspektivenwechsel auf Instagram. Das Bild landete einen Riesenerfolg und Petras Montagsmonstrumssymptome wurden von Instagram-Süchtigen absorbiert.

Um das Montagsmonstrum mindestens eine Woche lang in Schach zu halten, schaltete Petra nach ihrer Instagram-Entschärfungsaktion ihr Telefon aus, und blieb stur bei ihrer Geschichte, dass sie im Funkloch sei, als sie anschließend von ihrem Chef, der sie während ihres Montagsmonstrums-Exorzismus nicht erreichen konnte, angeschrien wurde.

Petra ist inzwischen sehr kreativ geworden in Bezug auf ihre Erklärungen zum Thema, warum man sie montags sehr selten telefonisch erreichen kann.

17. Auf Besuch bei der quirligen Queenie

Es ist schon recht sonderbar, bei der quirligen Queenie zu übernachten. Diese eingefleischte Bachelorette teilt ihre Wohnung mit 3 extrem verwöhnten Katzen, die in allen Bereichen an erster Stelle stehen. Schon ihre Innenausstattung ist, taktvoll gesagt, extrem gewöhnungsbedürftig. Sie hat sich wenigstens nicht völlig der Sammlung von Katzenkitsch gewidmet, benutzt dafür aber ihre eklektische Kleider- und Schuh-Sammlung als Dekoration anstelle von Gemälden, Vorhängen und Bettbezügen.

Drei Tage bevor man bei ihr eintrifft, bekommt man folgende Standard-Email zur Einstimmung:

"Ich freue mich auf deinen Besuch im Katzenpalast und möchte dich schon jetzt darauf vorbereiten, mit mir den Stress des Alltages abzustreifen. Wir lassen bitte jedes Mal beim Betreten der Wohnung unsere Probleme samt Schuhen vor der Tür auf der rosafarbenen Ablage. Flauschige Hausschuhe hängen gleich rechts in der Eingangsdiele.

Unser Tagesablauf wird bitte dem meiner Katzen angepasst. Damit keine Missverständnisse aufkommen, an dieser Stelle die Tagesordnung meiner Katzen:

1. *Bevor das Luxuskörbchen verlassen wird, einmal ALLE Gliedmassen in ALLE Richtungen dehnen*
FÜR UNS: dito + 50 Liegestütze an der Stelle, wo die Füße den Tag begrüßt haben

2. *Zum Wassernapf stolzieren, Zustand bemängeln*
WIR: besagten Wassernapf ausgiebig putzen, durch EDELporzellan ersetzen, mit EDLEM Wasser füllen, erst dann den ersten Kaffee/Tee/Smoothie des Tages vorbereiten; Das Trinken wird jedoch garantiert unterbrochen von…

3. *An der Futterstelle herumschreien, bis Luxusessen erscheint*
WIR: Katzen bedienen, schnell das Bett machen, bevor es wieder von den Katzen erobert werden kann, Mandeln im Stehen essen, während man die Wetterlage studiert, um die passende Kleidung für den Tag wählen zu können, SELBSTVERSTÄNDLICH ANGEFANGEN BEI DEN SCHUHEN!

4. *Toilette ausgiebig benutzen UND bemängeln, bevor es wieder ab ins Luxuskörbchen geht*
WIR: Duschen: 1 Minute, Anziehen: 24 Sekunden, Schminken: 1 Minute.

5. *Die erste 3-stündige Putzphase vor dem Tagesschlaf angehen*
WIR: Die Katzen AUSGIEBIG bürsten, Trockenfressi paratstellen, 12 Stunden arbeiten.

6. *Gegen 15.36 aufstehen, ein neues Ziel für die kreative Zerstörungsarbeit finden, Schlafabschnitt 2*
WIR: Nach der Arbeit kurz noch einen mit Kollegen trinken, damit man sich zu Hause
DEM EWIG-DIENENDEN KREIS 1-6 widmen kann."

Als Mitbringsel für die Gastgeberin würde ich Katzenleckerlis und Katzenspielzeug empfehlen.

18. Reginas Rennpferd

Es lebte einmal ein sehr erfahrenes, glückliches Rennpferd im Stall eines Großbetriebes.
Anouk liebte alles an seinem Beruf:
die sehr strengen täglichen Trainingseinheiten,
ein wenig Zeit, um auf der Wiese mit seinen Freunden herumzutoben,
das Frühaufstehen, um noch eine Runde zu trainieren – die Konkurrenz schläft nicht…
Heute steht Anouk vor einem wichtigen Rennen auf der Rennbahn des Karussells. Die Vorbereitungen für dieses Rennen verliefen optimal:
In seinem Trainerteam wurden neue Strategien entwickelt, Diät und Ruhephasen wurden optimiert, und die Konzentration, die so notwendig ist, um jedes Rennen zu gewinnen, war messerscharf einsatzbereit.
Vor zwei Tagen haben Anouks Trainer aber eine neue Strategie ausprobiert: Eine Stunde vor dem Proberennen wurde er zum pflügen aufs Feld geschickt. Mitten im Rennen musste er eine Runde Dressage abliefern, und nach dem Rennen die Hälfte des Parcours rückwärts abspazieren.
So fragt sich Anouk gerade verzweifelt, welche neue Strategien heute wohl auf ihn zukommen könnten.
Ich widme ihm eine Kerze der Professionalität und des guten Willens.

19. Schlaflos auf Sofias Sofa

Mit dem drohenden Vollmond hat Sofia reichlich Zeit, sich der Schlaflosigkeit zu widmen.

Wer behauptet, ein Vollmond könne keinen Einfluss auf den Menschen und seine Umwelt haben, hat sich eindeutig noch nie bei Vollmond vom Anschwellen wilder Gezeitenwechsel am einsamen Strand die Flausen aus dem Kopf wegfegen lassen.

Sofia ist während einer Schlaflosigkeitsphase von dem Lockruf eines Nachtvogels in diese umweltfreundliche Quelle der geschenkten Energie eingeweiht worden. In ihren Fußstapfen aus dieser wilden, befreienden Nacht kann man die Wirkung einer zeitlosen, sich unaufhörlich erneuernden Macht, älter als Menschengedächtnis, nacherleben.

Zuerst die müden, schleifenden Schritte, als ob sie von einem Verdammten auf seinem Weg zum Schafott stammten. Dann zwei tiefe Fußabdrücke an der Stelle, wo Sofia lange wie versteinert anhalten musste beim Anblick einer Wassergewalt, die versuchte, mit langen Schaumfingern den prallen Mond zu streicheln. Wenn man nicht achtlos an dieser Stelle der Erleuchtung vorbeipprescht, spürt man verstohlen die Reste einer elektrischen Ladung, die sich aus der Tiefe des Ozeans in jede Zelle von Sofias Körper vorgetastet hat. Und dann: die Begeisterungsraserei vom gleichzeitigen Wissen, dass man schon immer Teil eines wohlwollenden Universums gewesen ist, ausbalanciert vom Urwissen jeder Zelle im eigenen vergänglichen Wesen, das eine endlose Vergangenheit mit dem Horizont der Zukunft im pragmatischen JETZT kondensiert.

Als Vollmondschlaflosigkeitserprobte hat Sofia inzwischen gelernt, die freigesetzte Energie jeder Episode auch von ihrem Sofa aus zu steuern. Klar wäre sie am liebsten bei Einbruch jeder Vollmondnacht nackt tanzend am Strand aufzufinden - wie bei ihrer Einweihung - aber davon verdient man leider nicht sein täglich Brot.

Um ihre Erfahrungen praxisbezogen zu teilen, arbeitet Sofia während Vollmondphasen von ihrem abgewetzten, mondfarbenen Sofa aus bei einer renommierten Selbstmordzentrale. Das Wissen, das ihr, nackt tanzend am Strand, eingeflößt wurde und das bei jeder Vollmondbegnung wächst und gedeiht, teilt sie anonym mit Menschen, denen das Bewusstsein der vorhandenen Selbstheilung abhanden gekommen ist.

Obwohl viele ihrer Anrufer nackt tanzend an irgendwelchen Stränden vorgefunden wurden, starben sie einzig aufgrund natürlicher Ursachen, allesamt mit einem zufriedenen Mondlächeln auf den Lippen.

20. Tina am Tinguely-Brunnen = Abschied von einer selbstheraufbeschworenen Sklaverei

Ein Kreis schließt sich heute für Tina am Tinguely-Brunnen, auch Fasnachtsbrunnen genannt.

Als pilgernde Zigeunerin ist Tina immer auf der Suche nach Gleichgesinnten, die ihr das ersehnte Gefühl von Dazugehörigkeit schenken. In Basel meinte sie, länger das Gepäck ihres Lebens ausgepackt durchatmen lassen zu können. Sie hat schon längst akzeptiert, dass man das Lebensgepäck nie loswerden, aber durchaus neu arrangieren, teilen und verstecken kann.

Als Teil vieler herumstreunender Zirkustruppen hat Tina es sich angewöhnt, jedes Fleckchen Erde, das sie gerade betritt, ob Spitzbergen, Madagaskar, Venedig, Prag, Kairo, Helsinki oder Atlanta, als « DAHEIM » zu betrachten. Mit ihrer unfehlbaren weiblichen Logik und der Grundeinstellung eines kolonialen Welteroberers heißt es bei ihr schlicht: « *Ich stehe drauf, also gehört es von jetzt an mir.* » Ihre Füße sind demnach inzwischen schon Teilbesitzer von Grundstücken auf allen sieben Kontinenten.

Heute schaut Tina die zehn Maschinenskulpturen in « ihrem » Brunnen an und lässt ihre Verträge mit zehn unterschiedlichen Zirkustruppen Revue passieren.

Seit sie ihre Zirkusausbildung in Basel absolviert hat, übt der Tinguely-Brunnen eine magische Anziehungskraft auf Tina aus. Egal, ob sie in dieser Kleinstadt feiern, trauern oder mal schlicht durchatmen möchte, ihre Stadtbummel führen unvermeidlich irgendwann zum Fasnachtsbrunnen.

Wer häufiger den Brunnen besucht, auch ohne Stadtführung oder Google-Auskunft, spürt bald, dass der Schauplatz des Brunnens das Gefühl eines Mahnmals verbreitet. Die zehn Maschinenskulpturen, allesamt hergestellt aus dem Schrott des Stadttheaters, das im August 1975 gesprengt wurde, befinden sich nämlich genau an dem Ort, an dem einst Schauspieler, Balletttänzer und Opernsänger ihre Kunst gepflegt haben.

Tina erinnert sich klar an den Tag, als sie zum ersten Mal den Mahnmal-Effekt am Tinguely-Brunnen gespürt hat. Sie war gerade von einem Abstecher in Venedig zurückgekehrt, wo sie in den freien Stunden zwischen Proben und Auftritten bewusst die Stolpersteine, die in Venedig an die Judenverfolgung erinnern, aufgesucht hatte. Die Empfehlung, Venedig von dieser Seite zu erleben, kam von einem respektierten Kollegen in Tel Aviv.

So ähnlich, wie sie sich in Venedig beim Lesen der Stolpersteinbeschriftungen den Alltag der Verfolgten vorgestellt hatte, konnte sie plötzlich in den lustigen Maschinenmenschlein im Brunnen die Grabstätte viel zerstörter Hoffnung und Vertrauen nachempfinden. Die wasserschleudernde Schar versprühte, ungeniert trauernd, sichtbar sowohl Tränen der Hilflosigkeit als auch jene kostbare Lebenslust, die trotzig auf dem Bett unangebrachter Erniedrigung, Unprofessionalität, Enttäuschung und Respektlosigkeit gedeiht - stammten diese Tränen des Brunnens vielleicht von den Schauspielern, Tänzern, Sängern und Musikern, die bis 1975 im gesprengten alten Theater das eigene Lebensblut dem Publikum sichtbar und hörbar gemacht hatten?

Da Tina Basel morgen wieder verlassen wird, ist sie besonders fasziniert von einer bestimmten Metallskulptur im Fasnachtsbrunnen: Dr Schuufler. Der kleine Schaufler war schon immer ihre Lieblingspersönlichkeit im Brunnen-Schauspiel. Die anderen Skulpturen fallen eher auf durchs protzige Herumschleudern von Wasser. Der Schaufler, ausgestattet mit Schöpfkellen und zwei mickrigen Armen, schöpft aber unermüdlich weiter. Auf seine Aufgabe (*das Leeren des Brunnens?*) fokussiert wie eine arbeitsgeile, alte Ameise kurz vor der Rente, bleibt er für Tina die Verkörperung ihrer beruflichen Wanderungen. *« Das Zirkuszelt ist kein echtes Leben, nur Deine Arbeit! »* gibt er ihr heute mit.

So kann sie den Kreis ihrer bisherigen Begegnungen mit dem Brunnen getrost schließen. Aus dem geschlossenem Kreis ragt jetzt eine emporstrebende Spirale gen Himmel, offen für die verlockenden Möglichkeiten neuer Enttäuschungen und Hoffnungen.

21. Uschi beim Zahnarzt

Eine wunderschöne junge Dame, leider fantasielos-brav gekleidet, schaut verträumt auf die in Latex gehüllten Finger des jungen Zahnarztes.

Seine Finger streicheln wiederholt ihre noch betäubten weichen Lippen.

Jede Berührung lässt die leichteste Bewegung seines potent-gebügelten Kittels langsam, in Lustwellen, bis in die linke kleine Zehe der jungen Dame wandern.

Die Lustpunkte ihrer zarten Kopfhaut haben sich, bereits beim ersten Einschalten des Bohrers, völlig der Zufriedenheit gewidmet.

So schaut sie wiederholt in die wonneblauen Augen des jungen Zahnarztes. Seine funkelnden Augen, einladend betont durch die steril-funktionsfähige Arbeitsbrille, zwinkern intimer als die jedes neuen Liebhabers beim ersten gemeinsamen Frühstück.

Die junge Dame verpasst ungern einen Zahnarzttermin.

22. Veronika macht's mundgerecht = Ungeduld ist eine Tugend

Wäre Veronika nicht als Fernsehköchin berüchtigt und finanziell eine ziemliche Niete, hätte sie ihr Leben höchst wahrscheinlich mit der mundgerechten Portionierung aller Gegenstände und kulturellen Ereignisse in ihrer direkten Umgebung verbracht.

Es war ihr schon in der Kindheit wichtig, alle erlebten Situationen, Literatur, Rezepte und Opern & Ähnliches für sich "mundgerecht" zurechtzulegen, damit sie beim Lesen/Kochen/Zuhören/Leben nie auch nur die kleinste Freude des Gegenwärtigen überfliegen könne. Sie lernte schon bei der Einschulung, ihre genetisch bedingte Ungeduld mütterlicherseits, gepaart mit dem penetranten väterlichen Gen der Neugierde, vor ihrer Umwelt zu verstecken, indem sie sich aus Legosteinen heimlich alles neu Erlebte überschaubar nachbaute. Schon vor der Pubertät konnte sie auf die Legosteine verzichten: ihre gedeihende Fantasie speicherte mühelos Diagramme aller neuen Erfahrungen ab. Ihre Eltern, bodenständiges Salz der Erde, waren überfordert mit einer Tochter, die schon beim Frühstück die großen Fragen des Lebens kryptisch zusammenschnipseln wollte.

Glücklicherweise gab's auch in dieser Familie eine gute Fee: Veronikas Lieblingstante. Sie wusste mühelos, wann das sonderbare Mädchen neue Anregungen brauchte. Zum 16. Geburtstag von Veronika meinte Tante Elinore, es sei jetzt Zeit, das Vöglein flügge werden zu lassen, und schenkte ihr eine Gesamtaufnahme von Wagners "DER RING DES NIBELUNGEN".

Veronika ging in ihr Zimmer und schloss sich mit Reiskeksen, Wasser und Wagner als Verpflegung ein, bis sie sich alle 16 Stunden Musik angehört hatte. Da ihr kein Diagramm einfiel, um das Erlebte zu verarbeiten, griff sie zum Heft, das die offensichtlich allwissende Tante der Aufnahme beigelegt hatte, und schrieb ihre erste Zusammenfassung eines Monsterwerkes, das normalerweise in einem Vorabend und 3 Tagen die Geschichte von 34 Personen erzählt:

Die Überschrift ihrer RING-Zusammenfassung:

Entfernen wir das Nicht-Notwendige… zuerst ein Fundament, dann die Vorhänge

"Vor langer Zeit bewachten 3 Rheintöchter (Woglinde, Wellgunde & Floßhilde) das Gold im Rhein. Der garstige Nibelungenzwerg Alberich klaute das Gold und konnte, indem er der Liebe entsagte, daraus von seinem Bruder Mime einen Ring schmieden lassen, der ihn zum Herrscher der Welt machte.

Als der Chefgott Wotan Alberich den Ring und das Gold klaute, um damit die Riesenbaugesellschaft der Herren Fasolt & Fafner, die ihm das göttliche Eigen-

heim Walhall gebaut hatten, zu bezahlen, verfluchte Alberich den Ring: "NUN ZEUG' SEIN ZAUBER TOD DEM DER IHN TRÄGT!"

Sobald die Riesen den Ring an sich nahmen, wurde die Wirksamkeit des Fluches erwiesen, indem Fafner seinen Bruder Fasolt, der mehr an Liebe als an Gold interessiert war, tötete und sich in einen Riesenwurm verwandelte.

Feststellung: Der Fluch kann nur entschärft werden, wenn der Ring den Rheintöchtern zurückgegeben wird.

Siegfried, ein Enkelsohn von Wotan, tötete Fafner, riss den Ring an sich und gab ihn als Liebespfand Brünnhilde, seiner Tante und Braut. Unter Einfluss eines Zaubertrankes nahm Siegfried Brünnhilde den Ring wieder weg, woraufhin er vom bösen Hagen, dem außerehelichen Sohn Alberichs, der auch nur die Weltherrschaft angestrebt hatte, getötet wurde.

So konnte die Witwe Brünnhilde Walhall abfackeln und den Ring den Rheintöchtern wieder geben."

Das Aufschreiben dieser Geschichte löste bei Veronika eine Kettenreaktion aus. Sie machte sich Gedanken, wie man so eine Erzählung wohl als Gericht servieren könnte, um das neue Sinneserlebnis sichtbar zu machen und es, nach dem Essen, Teil des Körpers werden zu lassen. Sie konnte sich die möglichen Änderungen im Körper eines

Menschen nach dem Genuss eines Ring-des-Nibe-
lungen-Gerichtes leicht als Diagram vorstellen.

Weil das Schmieden des Goldes ihr in der
Erzählung so zentral erschien, forschte sie in ihrem
Umfeld nach einem Rezept, das die Persönlichkeit
und Werkstatt des Schmiedes MIME zusammen-
fassen würde. Sie brauchte eine Masse, die in Farbe und Textur schmelzendem Gold ähnelte und
extrem hohe Temperaturen bei der Vorbereitung
erforderte. Die schlaue Tante Elinore schlug etwas
Süßes als Gegenpol zu MIMEs eher saurer Natur
vor und taufte das Rezept „MIMES GOLDKLUM-
PEN".

Mit einem Mikrowellenrezept für die so
geliebte britische Karamelle „FUDGE" landete Veronika einen Volltreffer. Bei der Zubereitung werden Zucker und Butter zusammen gekocht und
erreichen bald Temperaturen von über 200 °C -
zwar ziemlich weit von den notwendigen 1064 °C,
die man bräuchte, um Gold zu schmelzen, jedoch
trotzdem ausreichend respekteinflößend, um die
Mischung als Warnung der Götter betrachten zu
können.

Von der Rezeptentdeckung beflügelt gab es
für Veronika kein Halten mehr. Sie sammelte eifrig
Rezepte für sämtliche Götter, Menschen und Tiere
in der Nibelungensage. Als sie die fertige Rezeptsammlung zufrieden betrachtete, wusste sie, was
sie mit ihrem Leben anstellen wollte: Für die
Menschheit das Kochen und Essen umdefinieren.

Der Weg zur Fernsehköchin war mit vielen

Stolpersteinen gepflastert, aber dank Veronikas Kopfdiagramm ihrer erwünschten Laufbahnentwicklung war Aufgeben für sie keine Option. Sie teilt gerne, zum Nachschmecken und Nacherleben, ihr erstes Sinneserzählungsrezept:

MIMES GOLDKLUMPEN

UTENSILIEN:
1 Mikrowellenschüssel, groß
(die Mischung nimmt beim Kochen extrem zu)
Holzlöffel zum Rühren
Ablage für klebrige Löffel
feuerfeste Backhandschuhe

ZUTATEN:
125 g Butter/Margarine
(Mime empfiehlt Margarine)
397 g gezuckerte Kondensmilch
(„Milchmädchen")
450 g (575 ml) Zucker
5 ml Vanille-Aroma

BASTELN:
a) Butter, Zucker & Kondensmilch
in die Schüssel geben,
b) 2 Min. auf FULL POWER
in der Mikrowelle erhitzen,
c) Rühren, 5 Min. Mikrowelle,
d) Rühren, 5 Min. Mikrowelle,
e) Vanille-Aroma hinzufügen, rühren

*HEISSE Mischung in einen eckigen, leicht mit Butter
präparierten Behälter gießen
f) LEICHT abkühlen lassen, wenn handzahm: zu
MUNDGERECHTEN KLUMPEN zerhacken*

**Die beim Zerhacken entstehenden Krümel sind
nicht nur als Müslianreicherung und Eisdekoration
empfehlenswert, sondern auch zum Anlocken, Be-
schwichtigen und Verwöhnen aller Stammgötter
gedacht.**

23. Wilhelmines Waldwanderung

Damit die verrückten Rädchen in ihrem blonden Charakterkopf nicht allzu schnell verschleißen, unternahm Wilhelmine neulich eine Waldwanderung mit gleichgesinnten Kollegen.

Die Truppe lustwandelte bergauf, bergab, mit Met* als angemessener Verpflegung. Man wollte sich an dem Tag den Göttern nähern und sich dabei ausschließlich göttlich fühlen. Der Vorstand der Wandertruppe kam, nach eingehenden Forschungen und einer fröhlichen Abstimmung, einstimmig zur Regelung, dass Met die alleinige Labung beim Ausflug sein würde.

Gegen Stunde 3 der Wanderung entdeckte Wilhelmine am Wegesrand einen alten Jaguar, Jahrgang 1962, und trennte sich von der Truppe. Keine Aufregung: die Truppe hatte vereinbart, sich um Punkt 18.30 in der Gaststätte « ZUM WUCHTIGEN WANDERER » auf eine Spargel- und Absinth-Verköstigung zu treffen.

Als Wilhelmine gerade dabei war, die elegante Innenausstattung des staubigen Jaguars aus der Nähe zu bewundern, raunte dieser ihr leise zu:

---

alkoholisches Getränk aus vergorenem, mit Wasser verdünnten Honig und Würzstoffen (besonders bei den Germanen beliebt)

« Geduld, Mädchen! Die unfähigen Scharlatane deiner Albträume werfen sich schon selbst unter die Räder! »*

Sie schloss sich entspannt wieder ihrer Wandertruppe an und wählte ein Schnitzel als Beilage zu den köstlichen baden-württembergischen Spargeln, für die « ZUM WUCHTIGEN WANDERER » international bekannt ist.

Wilhelmine, inzwischen eine gefürchtete Gastrokritikerin und etablierte Photographin von Oldtimern, befindet sich leider noch in der Wartephase der Albtraumerlösung.

Als Schutz gegen Scharlatane hat sie ihre gesamte Unterwäschensammlung kunstvoll mit dem JAGUAR-Logo besticken lassen.

Epilog

1. Empfehlung zum Weiterlesen: « The Woman's book of revenge » - Christine Gallagher; Hier finden Sie praktische Ratschläge für den gesunden Umgang mit Rachegelüsten

2. Zitat aus Richard Strauss' ELEKTRA, zum Mittanzen und Mitsingen: « …und über Leichen hin werd' ich die Knie hochheben

---

**laut Duden jemand, der bestimmte Fähigkeiten vortäuscht und andere damit hinters Licht führt*

SCHRITT für SCHRITT! » *Beliebig wiederho-
len, bis der gewünschte Grad an Ausgeglichen-
heit erreicht ist. Keine Risiken dieses Rachenge-
fühlentfernungstanz sind der Verfasserin bekannt. Wenn Sie Zweifel haben: fragen Sie ihren
Arzt oder Apotheker*

24. XANTHIPPE

Was haben die Eltern von Frau X sich wohl dabei gedacht, als sie sich bei der Geburt ihrer Tochter auf den Namen XANTHIPPE einigten? Schien er ihnen etwa angebracht für das fröhliche, blonde, blauäugige Baby?

Xanthippe war ein Wunschkind: sie wurde nach ca. acht Jahren Behandlung bei diversen Fruchtbarkeitsspezialisten endlich bei Vollmond in Fuerteventura überhaupt gezeugt. Ihre 44-jährigen Eltern, Hans und Edna, waren zum Zeitpunkt der Empfängnis beide schon etablierte Universitätsprofessoren im Fachbereich Chemie. Mit Recht waren sie sehr stolz auf die Funktionsfähigkeit ihrer Körper, und langweilten ihren Freundeskreis bereits im fünften Monat der Schwangerschaft mit der Planung des Lebens ihres noch ungeborenen Babys.

Da Hans und Edna beide des Altgriechischen fließend mächtig waren, meinten sie, genauestens zu wissen, was es so mit XANTHIPPE auf sich habe: **Xanthippe** (altgriechisch Ξανθίππη, von ξανθός *xanthós* „blond" und ἵππος *híppos* „Pferd"*. Eine genetische Analyse der Ahnen von Hans und Edna hatte schon die Prognose bestätigt, dass das Baby mit 84%iger Wahrscheinlichkeit ein

---

* *Danke, Wikipedia! Die Schriftstellerin ist des Altgriechischen wiederum* nicht *mächtig*

blondes, muskulöses Mädchen sein werde. So gäbe Xanthippe, sprich blondes/gelbes Pferd, doch einen feinen Namen für den ersehnten Sprössling, meinten die Eltern. Der Name ROLLTE ihnen regelrecht von den Lippen!

Wenn sie so viel gelesen hätten wie sie sich mit Varianten der Periodentabelle befassten, wären sie in seiner Schrift *„Menschliches, Allzumenschliches"* leicht auf Nietzsches folgende Charakterisierung gestoßen:

„Sokrates fand eine Frau, wie er sie brauchte, - aber auch er hätte sie nicht gesucht, falls er sie gut genug gekannt hätte: so weit wäre auch der Heroismus dieses freien Geistes nicht gegangen. Tatsächlich trieb ihn Xanthippe in seinen eigentümlichen Beruf immer mehr hinein, indem sie ihm Haus und Heim unhäuslich und unheimlich machte..."

Erst als Xanthippe das 31. Lebensjahr erreicht hatte und sich als Tramfahrerin täglich verbissen im Gehässigsein profilierte und prüfte, wurde den Eltern bewusst, was sie dem lieben Baby mit dieser Namensgebung angetan hatten.

Einen Tag nach dem 31. Geburtstag von Xanthippe wurde nämlich Dr. Bergers Forschung zum Syndrom Xanthippe, kurz Xanthipatie* genannt in der unabhängigen Basler Zeitung „SPINNER ALLGEMEIN" veröffentlicht. Anhand einer gekürzten Liste der Symptome und Warnzeichen zur Früherkennung einer XANTHIPATIE-Manifestation erkannten die Eltern das Wesen der eigenen Tochter:

- Xanthipatie tarnt sich im Frühstadium als emotionale Unausgeglichenheit
- je weiter die Manifestation das Wesen eines Menschen einnimmt, desto leichter fällt solchen Patienten das Lügen
- ein blühender Xantipant verliert jegliche Unterscheidungsfähigkeit zwischen Wahrheit & Lüge
- beim Versuch, einen Betroffenen mit der Wahrheit bekannt zu machen, erfolgen nicht zusammenhängende, unmotivierte Wutausbrüche; Je weiter fortgeschritten die Krankheit, desto höher Stimmlage und Sprachgeschwindigkeit des Erkrankten beim Xanthipifizieren[†]
- Xanthipanten verlieren merkbar die Kenntnis über die grammatikalischen Grundlagen ihrer jeweiligen Sprache und neigen zu Dyslexie

---

[*]frei erfunden von Sir Hopkins/Emiro von Berejesa, Alleinbesitzer der Rechte zur Veröffentlichung der XANTHIPATIE-Forschung; Einsicht in die umfangreiche Forschung kann bei Ansi Verwey - von Fleckenstein beantragt werden

[†]die laute Schrei-Orgie eines Xanthipanten

90

- eine mögliche Xanthipatie lässt sich am leichtesten durch eine Analyse des Kleidungsstiles eines Menschen feststellen: falls ein Mensch sich nicht seinem aktuellen Erscheinungsbild gemäß kleidet, kann es sein, dass er es schon schafft, sich täglich selber zu belügen; Wenn so ein Mensch zusätzlich keine Freunde hat, die ihn bei der Wahl seiner Kleidung beraten können, kann es sein, dass die Einsamkeit des Xanthipanten zum Nährboden einer Xanthipatie wird
- ob Xanthipatie in einigen Berufsgruppen ansteckend sein könnte, wird von Dr. Berger noch eingehend eruiert

Hans und Edna mussten schnell handeln: auch ohne eine bestätigende Diagnose Dr. Bergers wussten sie, dass Tochter Xanthippe lieber nicht mehr unter Menschen sein sollte. Die renommierte Universität, an der Hans und Edna lehrten, wollte keinen Skandal riskieren - Spendengelder: erste Priorität!

Aufgrund der möglichen Ansteckungsgefahr mit der vermuteten Krankheit unterstützten einige Politiker und das Gesundheitsamt PROJEKT XANTHIPPE EINLIEFERN tatkräftig.

Bereits eine Woche nach dem Erscheinen des Zeitungsartikels über Xanthipatie wurde Xanthippe auf Lebenszeit in die Hochsicherheitsabteilung einer renommierten Nervenheilklinik in Sibirien verlegt, wo sie nur noch als Frau X aufgeführt wurde.

Dr. Berger verfügt nun, dank üppiger Spenden, über genügend Kapital, um weitere 3 Dekaden seines Lebens der Xanthipatie-Forschung zu widmen.

25. Yolindas jodelndes Alpenhorn

Auf den ersten Blick meint man, Yolinda habe ihr Leben der Vorsicht gewidmet - Abwarten! Nehmen wir sie einmal genauer unter die Lupe.

Bei Tageslicht geht sie in die Musikschule auf dem Hügel, wo sie pflichtbewusst unwilligen, teils extrem untalentierten Kindern das Posaunenspiel beibringt. Sehr irreführend ist dabei die Tatsache, dass ihre Schulkleidung NUR aus Baumwolle besteht… Nichts gegen Baumwolle, aber da gäbe es doch noch die Möglichkeit von Samt, Seide & Co. um der Haut mal ein Bisschen Abwechslung zu gönnen.

Suspekt für die Bügelfaulen unter uns: Yolindas Kleidung wird jeden Tag für die Schule so atemberaubend perfekt gebügelt, dass jedes Armee-Mitglied vor Neid erblassen würde angesichts der Genauigkeit dieser Bügelkunst an Kragen und Saum.

Weil erste Eindrücke leider oft bleibende Eindrücke sind, nennen Yolindas Schüler sie DIE BÜGELPOSAUNE und mutmaßen in ihren Pausengesprächen, Yolinda habe als Leibinstrument die Posaune gewählt, um mit den Kurven des Instrumentes die von ihr abgestreiften weiblichen Kurven von Leib und Seele vortäuschen zu können.

An Wochenenden bekennt Yolinda Farbe -

doch eher weit von der Schule entfernt, weil sie großen Wert darauf legt, ihren Schülern nicht die andere Seite der Yolinda-Münze zu zeigen.

Als talentierte, unternehmungslustige Alpenhornspielerin trifft sie sich jedes Wochenende mit einer **Gothic YÖDÆLLICĀ** Gruppe, um das Alpenhornspielen und Jodeln als touristische Sportart auf den ausgefallensten Friedhöfen der Welt zu betreiben. Der Kern der furchtlosen Gruppe besteht aus sieben Darstellern, die gleichermaßen talentiert, ausgebildet und erfahren sind im Zirkusbetrieb, Jodeln, Alpenhornspielen, sowie in der Buchhaltung. Buchhaltung? Um mit so einer Truppe problemlos internationale Friedhofsauftritte zu koordinieren, braucht es nicht nur viel Inspiration, mühsames Trainieren von neuen Programmen und ständiges Aktualisieren in den sozialen Medien, sondern auch kilometerweise Genehmigungen, um respektvoll UND legal auf den und um die faszinierendsten Gräber auftreten zu dürfen.

Über die Zukunft sei zur Zeit nur zu verraten, dass Yolinda, im Laufe eines schönen Maiwochenendes bei einem Auftritt im Süden Deutschlands, unerwartet Yuri, den Fußballkapitän ihrer Schule, treffen wird. Die Begegnung wird stattfinden dank der Beerdigung von Yuris Dackel.

Yuris Dackel Jürgli wird sich übermorgen, nach einer zu üppigen Mahlzeit, in die Ewigkeit hinüberträumen und sein Herrchen wird sich sofort auf die Socken machen, um Jürgli gebührend zu bestatten. **Gothic YÖDÆLLICĀ** hat, mit viel Aufwand, endlich die Genehmigungen errungen, während der Bestattung eines Tieres eine Performance auf genau dem Tierfriedhof, auf dem die extravagante Bestattung von Jürgli stattfinden wird, hinzulegen.

Yuri wird Yolindas Auftritt lange nicht verarbeiten können. Seinem instabilen hormonellen Haushalt ist es eigentlich nicht zumutbar, die vermeintliche BÜGELPOSAUNE im Catwoman-Lackanzug mit wild flatterndem blonden Haar und einem KAMPF-ALPHORN auf einem Tierfriedhof über niedliche Tiergrabsteine jodelnd herumturnen zu sehen mit einem KAMPF-ALP-HORN.

Yolinda, eine sehr pflichtbewusste Lehrerin, wird Yuri nach dem Auftritt beiseite nehmen und ihm als Therapie gegen den Schock eine kalte Dusche und das regelmäßige Üben von Tonleitern empfehlen.

Yuri wird in sechs Jahren ein weltberühmter Posaunist sein, der regelmäßig bei **GOTHIC YÖDÆLLICĀ** mitturnt. Sein Kleidungsstil wird eine verblüffende Ähnlichkeit mit dem Friedhofsanzug der BÜGELPOSAUNE aufweisen.

26. Zunft Zoé: Königin der Kompromiss-Kleidungsdisziplin

Wenn KOMPROMISS-KLEIDEN eine olympische Disziplin wäre, wäre Zoé längst schon dermaßen von Goldmedaillen überschüttet worden, dass die Beute bei keiner Fluglinie, auch nicht in der ersten Klasse, als Kabinengepäck akzeptiert worden wäre.

Sie haben noch nie vom KOMPROMISS-KLEIDEN gehört? SCHANDE! Erlauben Sie mir, anhand des Beispiels der Musterschülerin Zoé, eine kurze Einführung.

Kompromiss-Kleidung ist viel mehr als eine schlichte Kleidungswahl, nein! Sie ist eher zu betrachten als eine Lebensphilosophie, die einen täglich HAUTNAH dazu einlädt, das Erwartete konsequent zu hinterfragen als Basis dafür, den Anstand im Alltag vor dem Aussterben zu retten. Dabei sind die eigenen Sinnesempfindungen einzusetzen und zu entwickeln.

Werfen wir zur Aufklärung einen Blick in die Handschuhsammlung von Zoé, einer Dame mit überentwickeltem Tastsinn. Ihre Handschuhsammlung befindet sich an der Schlafzimmerwand aufgehängt. Überschaubar in Reih und Glied, an Reinigungsdrahtbügeln mit ausgefallenen Wäscheklammern befestigt, erzählen diese Accessoires, wie die Modebranche sich verzweifelt anstrengt, ständig etwas Neues zu erfinden, nur um dann doch immer wieder die Klassiker zu entdecken. Dann gibt es aber auch die Handschuhe, die, befestigt an Abschnitten ausrangierter Bungeeseile, wie nervöse Lianen zwischen den adrett sortierten Handschuhen herumtaumeln. Sie geben Zoé jeden Tag den kleinen Stupser, bewusst mit der Handschuhwahl umzugehen. Diese anregende Qual der Wahl zeigt ihr, wie der Mensch dazu verführt werden kann, sein Wesen zu verstecken, zu betonen, zu unterstreichen aber auch, sich aus der eigenen Wohlfühlzone heraus zu trauen.

Auf ihrer Nachtkommode liegt ein alter KNIGGE-Ratgeber, aufgebahrt auf einem grünschimmernden Seidentuch aus den 30er Jahren, neben einem Sortiment selbst erfundener Handpflege-Wundermittel. Als Zoé zum ersten Mal merkte, dass sie mit ihren Händen Energien spüren, umleiten und bewusst einsetzen konnte, fing sie an, ihre Hände gezielter zu pflegen.

Ihr Abendritual zum Schöner-Träumen fängt an mit einer Handreinigung, bei der sie penibel sowohl den sichtbaren Schmutz entfernt als auch seelische Schäden repariert. Dann folgt eine meditative Pflege ihrer Hände, um zu feiern, dass alles Böse des Tages sichtbar im Mülleimer ruht. Beim Einschlafen liest sie, überdacht von der Wolke ihrer Handschuh-Installation, gerne über die Tradition des Hut- und Handschuhtragens in den 30er Jahren.

Dank ihrer guten Handpflege und sinnesreinigenden Abendlektüre träumt Zoé häufig, welche Handschuhe sie am nächsten Tag schützen, schmücken und warnen werden. So schafft sie es fast täglich, nach fünf Stunden Schlaf, wie eine Frühlingsgazelle aus dem Bett zu hüpfen, um noch vor dem morgendlichen Kaffee die richtigen Handschuhe für die geahnten Tageskompromisse zu wählen.

Der bewusste Schritt, sich nach ihren eigenen Bedingungen für einen Kompromiss zu entscheiden, UND diesen der Welt sichtbar zu machen, hat ihr viele Stunden beim Psychotherapeuten erspart.

So trägt sie zum Beispiel beim Treffen mit ihrem Steuerberater meist braune Häkelhandschuhe mit Nerzbesatz als Erinnerung daran, sich in eine Situation zu fügen, die nicht zu vermeiden ist. Die Farbe Braun bleibt für sie ein Hinweis, bürokratische Regeln in allen Bereichen genau zu studieren, bis sie mögliche versteckte Grauzonen zur eigenen Erheiterung finden kann. Der Pelzbesatz dieser Handschuhe steht für einen größeren Kompromiss in ihrem Leben: ÜBERHAUPT Pelz zu tragen. Sie hat die pelzbesetzten Handschuhe auf einem antiquarischen Flohmarkt entdeckt, als sie ein langes Wochenende mit ihrer Freundin Hannah in Berlin verbrachte.

Hannah überzeugte Zoé, eine ganz tierliebe Dame, mit einer einfachen Feststellung, DOCH die Pelzteilchen zu kaufen: ein Nerz habe eine Lebenserwartung von sieben bis zehn Jahren. Wenn man also im Jahre 2010 einen Nerz kaufen würde, der schon im Jahre 1960 von einem Kürschner verarbeitet worden sei, spaziere das Tierchen SECHS Mal länger auf der Erde herum als von der Natur geplant UND man zolle der bedrohten Zunft der Kürschner Respekt. Der Kompromiss, ein kleines Stückchen Pelz zu besitzen, führte dazu, dass Zoé, die wie viele Frauen extrem kälteempfindlich ist, Flohmärkte durchstöberte und jetzt im Winter stolz einen Nerzmantel aus den 60ern trägt. Nebenwirkung des Pelztragens: das Gefühl des Pelzes auf der Haut versetzt Zoé schlagartig in einen Tolstoy-Roman, Schauplatz SIBIRIEN.

Zoé ist sich sehr wohl bewusst, welche Wirkung das Tragen von Handschuhen auf ihr näheres Umfeld hat. Wenn sie samstags mit den Nachbarn im Gemeinschaftsgarten schuftet, nimmt sie gern einen Geschenkkorb voll mit Gartenhandschuhen unterschiedlicher Ausführungen und Größen mit. Dieses Mitbringsel ist nicht selbstlos: Zoé möchte nicht darauf verzichten, ihre ausgefallenen Gartenhandschuhe auszuführen - OHNE dabei die Sensibilitäten ihrer eher konservativen Mitmenschen aufwühlen zu wollen.

Ihre lustigen mitgebrachten Gartenhandschuhe haben schon mal unter den Nachbarn eine kleine Epidemie von psychedelischen Gartenbekleidungsteilen ausgelöst. Diejenigen, die sich samstags auf diesen kleinen Farbkompromiss als Alternative zur täglichen grau-beige-braunen Camouflage einlassen, finden schon bald den Weg in Zoés wöchentliches Handschuhseminar im britischen Teeladen.

Wenn Sie Zoé mal treffen würden: sie wäre unschwer zu erkennen an ihrem selbstischeren, kompromissbereiten Lächeln - gestärkt von ihren auffälligen, freudenstiftenden Handschuhen.

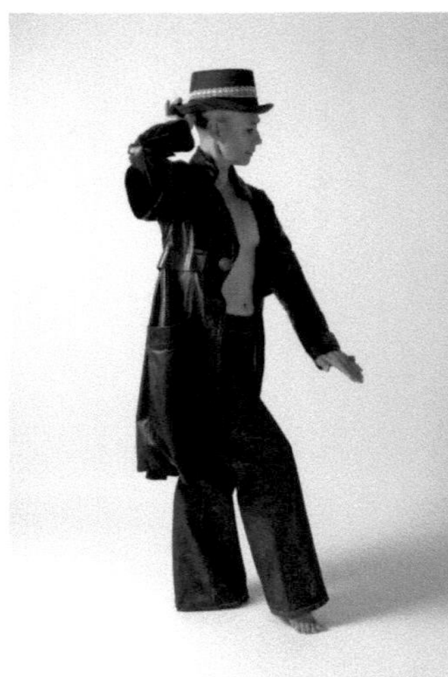

Die Autorin Ansi Verwey - von Fleckenstein wuchs während der Apartheid Ära auf einem Bauernhof in Südafrika auf.

Ihre Motivation, durch das Schreiben der Welt nicht abhanden zu kommen, wurde gestärkt durch Einflüsse instabiler politischer Wellen in einem Alltag der darauf ausgerichtet war, jede Spur von Individualität einzudämmen.
Das wichtigste Werkzeug, das sie mitnahm, als sie Afrika verließ, war ein unzerstörbarer Sinn für Humor.

Inzwischen eine deutsche Staatsbürgerin, praktiziert und verteidigt sie als Dirigentin, Pianistin, Conférencieuse und frischgebackene Autorin auf der internationalen Bühne ihre Kunst und Lebenseinstellung.

Sie schätzt gute Musik, die gute Küche und außergewöhnliche Menschen in u.a. Barcelona, Taipeh, Hannover, New York, Kapstadt, Lissabon, Stuttgart, Bilbao, Frankfurt, Pretoria, Basel, Atlanta und Wien.

Sie lebt nach dem Motto, niemals zu akzeptieren, dass etwas unmöglich sein könnte, bis sie es selbst unter die Lupe genommen hat.
Ein Paradebeispiel dafür: Im Dezember 2003 wurde sie Guinness-Weltrekordhalterin im kontinuierlichen Klavierspielen. Das Spielen von 52 Stunden und 59 Minuten Musik von hauptsächlich Bach und Wagner hat sie gestärkt in ihrer Überzeugung, alle unnötigen Einschränkungen, die das Wetter, die uninformierte Gesellschaft und ihre eigenen Erwartungen erzwingen möchten, in Frage zu stellen.

Details zu den aktuellen Projekten der eingefleischten Niedersächsin finden Sie auf ihrer Website www.ansiverwey.de